I0566854

DISCLAIMER

The author and publisher are providing this book and its contents on an "as is" basis and make no representations or warranties of any kind with respect to this book or its contents. The author and publisher disclaim all such representations and warranties, including but not limited to warranties of merchantability. In addition, the author and publisher do not represent or warrant that the information accessible via this book is accurate, complete, or current.

Except as specifically stated in this book, neither the author nor publisher, nor any authors, contributors, or other representatives will be liable for damages arising out of or in connection with the use of this book. This is a comprehensive limitation of liability that applies to all damages of any kind, including (without limitation) compensatory; direct, indirect, or consequential damages; loss of data, income, or profit; loss of or damage to property; and claims of third parties.

This Book Offers Free Bonus Puzzles
Available Here:

BestActivityBooks.com/WSBONUS20

GET YOUR BONUS
FREE
CODE: WSBONUS20

5 TIPS TO START!

1) HOW TO SOLVE

The Puzzles are in a Classic Format:

- Words are hidden without breaks (no spaces, dashes, ...)
- Orientation: Forward & Backward, Up & Down or in Diagonal (can be in both directions)
- Words can overlap or cross each other

2) LEVEL UP THE GAME!

A space is provided next to each word to write new ones, translations or notes. We also offer a convenient **NOTEBOOK** at the end of this edition. It can help you organize your annotations, new words and/or observations.

3) TAG YOUR WORDS

Have you tried using a tag system? For example, you could mark the words which have been difficult to find with a cross, the ones you loved with a star, new words with a triangle, rare words with a diamond and so on...

4) EASY TO CUT!

The Puzzles come with an Extra Large margin to easily cut the page out of the book. Some people may feel it more convenient to solve them this way.

5) FINISHED?

Go to the bonus section: **MONSTER CHALLENGE** to find a free game offered at the end of this edition!

Want **more fun** and activities to **relax? It's Fast and Simple!** An entire Game Book Collection **just one click away!**

Find your next challenge at:

BestActivityBooks.com/MyNextWordSearch

Ready, Set... Go!

Did you know there are around 7,000 different languages in the world? Words are precious.

We love languages and have been working hard to make the highest quality books for you. Our ingredients?

One part easy-to-read print, three parts entertainment, then we add some challenging words and a pinch of rare ones. We brew them with care to serve you lots of fun and an opportunity to solve the best puzzles.

Your feedback is essential. You can be an active participant in the success of this book by leaving us a review. Tell us what you liked most in this edition!

Here is a short link which will take you to your Amazon orders review page.

BestBooksActivity.com/Review50

Thanks for your fidelity and enjoy the Game!

Delta Classics Team

Puzzle 1

```
L A P R K P I N S R A P F T A
L A P R T O I I H A I A O S B
L I G T Y P S U G D C Q R Q E
E Z L O B U L O C I N K C E L
S Q M Á A L F J I U Ê M A F O
P B R F S A U P B C R I V E D
E I H H B Ç V M A S E I R É S
L B L T E Ã G L S U F R U I A
H A O F H O J W T Z S N P E O
O B E I J A R Y A T N E W B Z
E S T Ô M A G O N O A N B F Z
P R E F E R I R T Q R H I M Z
S U R G I R J O E U T U D O T
A Y O T N A U Q N E L M L F T
```

TRANSFERÊNCIA	ESTÔMAGO
BELO	FORCA
BEIJAR	LAGOA
ESPELHO	SURGIR
NENHUM	POPULAÇÃO
SÉRIE	PARSNIP
ENQUANTO	BASTANTE
PRECIOSO	PREFERIR
LILÁS	TOQUE
CUIDAR	DEVIR

Puzzle 2

```
N P A I I T E O I I C C X D H
J O I E M T E R A L I C S O E
N A T R E F O S Y B V Q Q H L
F C K E M J Ã K O M I P Q L I
N A D N B S Ç E N U L K F I C
S E D S C O P J A T R N K F Ó
O T C A P M O C C A Q O W D P
P C B E I X L K E S C O V A T
D T H W S Q U A S E A R O H E
O X H E P S E Y V I G H F Y R
T A M B O R Á Y N W I B R Y O
N O R T E Y I R M Y T U X N K
C U R S O Q W P I Y A C Y V W
S A N G R A R O L O R T O Y F
```

CURSO	AGITAR
ESCOVA	PAI
QUASE	HELICÓPTERO
MEIO	TESOURO
OFERTA	FILHO
SANGRAR	OSCILAR
NECESSÁRIO	TAMBOR
NORTE	HORA
CIVIL	COMPACTO
OPÇÃO	NOTEBOOK

Puzzle 3

```
Q U E R I D A N R E V A C A P
E S O C L Q P B O P B X H M O
D E C E P C I O N A D O E P L
I P A S S A R L P D T N I L E
R D B O R D A E E A Z G R O G
F E Ê O L H V G S C Y L O R A
O D G N S J L Z A S F C Q H D
L E U R T Á S R D O C H E W A
C L B E A I B M O M É B M A T
L I Y V K U C I P Z C D Y B T
O C P N V Q W O O O S N I M X
R A P I N S I D C N G O Z T U
E D X J U E E S P E R A N Ç A
L O I C E Z J K J I O L J F Q
```

PESADO
IDÊNTICO
AMPLO
BORDA
ESQUI
SÁBIO
CAVERNA
DELICADO
GELO
POLEGADA

PASSAR
CHEIRO
ESPERANÇA
INVERNO
FOLCLORE
NOZ-MOSCADA
DECEPCIONADO
TAMBÉM
QUERIDA
REGRA

Puzzle 4

```
R A C A R T E I R O A C M A R
R A T R O P X E L V V A I Z E
C O T R O P S E D E Ó M S E S
N C I R I M Q N H L W I E V U
N U E S A B B Q V A Y N R I M
M Y W N P B U S K Y E H Á N I
S Y H F R N A I A Z W O V H R
P I S C I N A L R T Y S E O F
P R O F U N D O H N É M L N L
R U N N I N G I L A R U T A N
J U L G A M E N T O D J K L T
A M E A Ç A B K F E V O F Y V
Y N U R K H X P E D I R R O Z
A V E N T U R E I R O Q W H F
```

AMEAÇA
AVENTUREIRO
VELA
PISCINA
CAMINHO
RUNNING
ATRIBUIR
TRABALHADOR
CARTEIRO
MISERÁVEL

ATÉ
AVÓ
RESUMIR
NATURAL
EXPORTAR
DESPORTO
AZEVINHO
PEDIR
JULGAMENTO
PROFUNDO

Puzzle 5

```
H U M A N O U L B A U W E G R
D E M O C R Á T I C O U I R B
Z C O N V E N C E R E Z E A P
A S S E M B L E I A M P T V R
V K D T H F H R A Z Ã O N E E
O E O I F A S E D P A O E Z V
R X Í G P I N T E R A G I R E
H U J C U L J L B Q U S D V R
H C Í N U J O D Q J V A E A A
M G H D M L G M M L R L R P P
L D C F O V O B A L V T G O E
Z X K L C A P I T A L O N R N
C O M P A N H E I R O O I R A
N L O C A L C A R A C O L D S
```

ASSEMBLEIA	DIPLOMA
INTERAGIR	RAZÃO
RUÍDO	HUMANO
PREVER	DEMOCRÁTICO
CARACOL	CONVENCER
APENAS	DESAFIO
COMPANHEIRO	VAPOR
INGREDIENTE	GRAVE
SALTO	LOCAL
VEÍCULO	CAPITAL

Puzzle 6

```
P R A T E L E I R A O U V I R
F A O O N X R C E T G Z C P O
K T O T E U T O C R T K Í U P
F I B R A R S S E A Y R R K B
M E Q A Z F E T H T L J C X M
R C S G J A R A N A I E U M A
W A P A A R R U O D S X L X N
Y B X L B I E M C O T F O W A
F I G Z G E T Z E R A Ç N A L
F O H G D L D M R S I M X E I
A G R H P A R O M I S S Ã O S
C S F M Z H H W R M É D I A A
U T V H A C D S X I T Y W Q R
P E T R Ó L E O H S A K R M M
```

LANÇAR
CHALEIRA
TRATADO
ANALISAR
OUVIR
FATOR
ACEITAR
SIM
PRATELEIRA
MISSÃO

COSTA
RECONHECER
LISTA
MÉDIA
SABEDORIA
FORMA
LAGARTO
PETRÓLEO
TERRESTRE
CÍRCULO

Puzzle 7

```
X N R L A N O I C I D A R A C
S C E B A J I T E C N I L X R
T I G R E D J Q R C R U Z D E
G T H Y B X L A V L W P J O S
P O R T A N T O O I B A M E C
U P T Q F G L L T N O P D N E
J E A N V H R V X H C D S Ç R
X S Q T X G C I E A S O W A D
P L N V O A C E T O I L B I B
D T C A N P O D R A R R Y B D
A S C E N S Ã O J D R K G P P
S E X T A F E I R A P A R T E
D E P E N D E R W E R R L C G
S I G N I F I C A T I V O R F
```

PORTANTO
PARTE
CRUZ
SIGNIFICATIVO
LINCE
ADICIONAL
LINHA
DEPENDER
CRESCER
PATO

TEXTO
BIBLIOTECA
CARA
SEXTA-FEIRA
GRITAR
ASCENSÃO
CERVO
DOENÇA
RISCO
TIGRE

Puzzle 8

```
A F C H O C O L A T E G C F M
U P I C A L C U L A D O R A E
T G I C E X P R E S S A R Q T
O A A N Ç C O L E T A R O D A
R T F S T Ã M U L H E R S M D
I G Z I T U O H C A R R O B E
D N G E H A R I W C F G Ç H U
A T Z S G M R A O H U C I L G
D A C O R D A R A A N M U I C
E S E N T I R M R L Ç A G D J
N E G R I T O J M E Ã R E V I
L Z U B V G K D A I O I R J Z
D R X Z U N B R D R M D P Q A
P Q O O X L D A A A C O P E K
```

ACORDAR
METADE
BORRACHO
MARIDO
PREGUIÇOSO
FUNÇÃO
ARMADA
CHOCOLATE
COLETAR
EXPRESSAR

MULHER
CALCULADORA
PINTURA
SENTIR
NEGRITO
GASTAR
CHALEIRA
AUTORIDADE
FICÇÃO
SEIS

Puzzle 9

```
I N F E R I O R U Z S B G R H
G R D M A T N E R A U Q O O D
P N V R A R E Z A F K X L U Z
Q Z U R G L A N R O J W F P Q
R X A P L D F S D L C H I E U
E X F L E R T N E A T U N I A
C U I D A D O G U X E T H R R
S T N X H M S T P C E U O O T
E K H B N U S B O X O X R D A
D S V E A H A R F M Z H E L D
L N T V M Z P E F X L X M F R
U T S U B S T A N T I V O G F
F R E N T E Z N O E C K Q O O
A N T I G U I D A D E K U M P
```

ENTRE
MERO
PASSO
DESCER
ONZE
ANTIGUIDADE
MOTOR
CUIDADO
TENDA
FAZER

TEXUGO
SUBSTANTIVO
GOLFINHO
QUARENTA
MANHA
JORNAL
INFERIOR
ROUPEIRO
QUARTA
FRENTE

Puzzle 10

```
P E D L I M U H P S A E R B A
E N C H Á Q Y F W A H Z U O H
S T S D V I K E W I F H Q H M
A E F O D U T R J A M X Z L R
R N O S P V E V E S C A L A R
R D T O O R I E H N I D E B D
E E O M F U A R P S K H X A A
J R G A M U P R Y D X S É R D
E C R F G Y M Q T H T P R T O
I A A L T X X A Y P T J C D S
T N F R S T B I R I G N I T A
A E I R E A Ç Ã O V T C T R H
R L A J A Q G K G Z N B O S V
P A F E K F B H X R D R Y I Y
```

ATINGIR
REJEITAR
ESCALAR
FOTOGRAFIA
FUMAR
HUMILDE
TUDO
CHÁ
CANELA
REAÇÃO

FERVER
ENTENDER
SAIA
FAMOSO
TRABALHO
DADOS
EXÉRCITO
SOPRAR
PESAR
DINHEIRO

Puzzle 11

```
S  Ó  P  D  L  P  L  M  E  O  E  M  E  R  C
O  D  V  M  G  A  L  O  G  H  B  Z  Q  B  O
C  B  K  X  H  P  X  L  F  B  V  Á  L  O  M
I  V  X  V  I  E  P  A  G  I  R  D  I  H  E
A  O  U  U  V  L  R  D  B  V  A  R  G  Q  N
L  H  Ã  F  R  I  T  A  I  D  S  S  A  H  T
B  B  V  I  E  Z  R  S  Ã  O  U  J  R  R  Á
A  O  V  N  R  A  G  C  S  I  A  Y  Q  X  R
W  L  K  O  R  T  N  E  C  R  C  Z  M  H  I
D  S  Y  Y  O  Z  I  O  F  A  R  Q  D  A  O
C  O  I  O  C  U  B  F  W  S  R  F  L  L  B
G  Z  G  V  O  L  G  A  N  S  O  A  J  U  E
N  T  Z  K  L  S  S  U  T  A  S  A  T  N  M
K  C  V  M  E  N  T  I  R  A  D  X  X  O  D
```

PAPEL	COMENTÁRIO
BOLSO	AGIR
MENTIRA	OCORRER
LIGAR	OLÁ
CAUSAR	ALUNO
GANSO	PÓS
CENTRO	SÃO
CREME	FRITA
ANFITRIÃO	SOCIAL
BEM	ASSAR

Puzzle 12

```
L L O R D S E A C S I P O Z G
A A B Y E I Y Y W I M R P O W
R I R L O C U S Z T E O O O D
T C L A S L E S Y U D T R L P
S N T G N X R N N A I E T Ó R
E E D A R J R R T R A G U G O
C S P Y G L A L X E T E N I G
N S B F U R I O S O A R I C R
A E I A V U H C C F M C D O E
Z M O J N Y B J K L E A A T S
D U I L G C H U E F N B D H S
F B R J K R O I F D T R E R O
I N C I D E N T E W E A M B N
U F Z R X F A M I L I A R J A
```

SUCO
OPORTUNIDADE
CHUVA
ESSENCIAL
ANCESTRAL
PROGRESSO
ZOOLÓGICO
DAR
FIO
FURIOSO

CABRA
LARANJA
SAL
SITUAR
IMEDIATAMENTE
BANCO
RECENTE
FAMILIAR
PROTEGER
INCIDENTE

Puzzle 13

```
S E N H O R P G U O C O K R S
G B V Q B A A E T P O T G E E
C H U M B O S L H O X J J P Q
C M A U S G T A X I E M A O U
M U K K O O I D R I A L R L Ê
O Z P A M F N E J W K F O H N
T P H C Q J A I A T Z E G O C
E E D N A R G R A S A C A Q I
L N P T J K A A X U X V U U A
P E P I N O E W E D V Q K E E
L S E L E C I O N A R F J V B
I G N O R A R A L T I T U D E
U G E P N A H C W G U X F W U
Q H L G N E F N S G J Y X L Y
```

FOGO
AMEIXA
ALTITUDE
MOTEL
PEPINO
AGORA
SEQUÊNCIA
REPOLHO
SENHOR
CHUMBO

MAU
QUE
PASTINAGA
SOM
GELADEIRA
IGNORAR
GRANDE
SELECIONAR
CUPCAKE
CASAR

Puzzle 14

```
E  R  I  V  I  I  P  R  O  F  E  S  S  O  R
S  E  N  Z  V  R  N  C  A  U  S  A  C  Z  I
T  S  C  G  F  O  E  S  I  R  C  V  M  N  R
A  E  L  P  R  U  M  Z  T  F  L  K  J  N  B
R  R  U  P  H  T  W  T  S  R  O  M  X  A  A
P  V  I  E  H  O  D  N  I  E  U  Q  U  R  T
C  A  R  S  I  N  S  X  N  T  G  Ç  T  R  F
T  R  A  R  B  O  D  W  K  E  E  U  Ã  H  D
X  I  Q  Y  I  P  W  I  V  R  Q  G  R  O  B
C  C  R  C  Q  B  F  P  R  R  F  L  X  O  I
T  L  L  A  H  C  S  R  S  E  D  R  F  C  P
E  X  E  C  U  T  I  V  O  D  Q  Q  W  Z  S
M  U  S  A  R  A  N  H  O  H  N  I  Z  O  S
Z  H  Y  C  O  M  E  R  C  I  A  L  G  B  C
```

PROFESSOR
EXECUTIVO
INCLUIR
ABRIR
HALL
DERRETER
TRUQUE
ESTAR
TIRA
RESERVAR

INDO
CRISE
DOBRAR
SOZINHO
COMERCIAL
INSTRUÇÃO
MUSARANHO
OUTONO
SEGURO
CAUSA

Puzzle 15

```
B Z M P E T E U G O F O X F A
Z A E A V N J H Z Z G Z A R B
W R C E I I V H U T Q X T E S
E E X R E O P O X F F R R Q O
G L T W Z C R O L P M K A U L
F A M Í L I A I D V J E V E U
P G W K A T B H A E I N É N T
B Ú F A L O J N M D R D S T O
C O L O C A R I B N W I O A U
L L C O R R E I O O C K A R Q
F E T R A D I C I O N A L V G
P N D P R E S T A N T E S F J
A Ç U N A V A L I A C A O R X
X O X E L P M O C J O R N A L
```

GALERA

AVALIACAO

BÚFALO

MAIORIA

FREQUENTAR

ONDE

ENVOLVIDO

PODERIA

FOGUETE

ABSOLUTO

BAR

LENÇO

COLOCAR

CORREIO

TRADICIONAL

FAMÍLIA

ATRAVÉS

JORNAL

COMPLEXO

RESTANTE

Puzzle 16

```
C A C O N S I D E R A R R I A
O J B C N I V H B Z J R O P B
R U D Y U O I D N Y X G K I E
R S M R X A E S R C Q S K S R
E T C U G D M A R T E L O A T
D A F A T A L S M K A S V C O
O R G I E D A M B I Ç Ã O A M
R T R A X O T O N G M T L D E
A U R R A R I V M V A L A A N
X E W P D A K X G O I T S O S
I Y X S V H Z I Q Q E D Y E A
E R E S U L T A R L D D E S G
D A Z K E A S A L T A R A D E
V D Y Y I F E V I D E N T E M
```

ABERTO
VALA
MENSAGEM
AMBIÇÃO
AJUSTAR
FATAL
MARTELO
VIRAR
FALHAR
RODADA

SACADA
CORREDOR
CONSIDERAR
PRAIA
RESULTAR
EVIDENTE
TIO
SALTAR
DEIXAR
MOEDA

Puzzle 17

```
R I G A D O M U S E U P R R E
E A I F A R G O E G M L H E S
F O I G U S T P K G O A D S T
O R E Z L U X U E C M N R P I
R I H I A J H R S K E E E E M
M E C B N V D G R G N T D I A
A S B C O M S I C P T A E T T
P A H D I D Z E M W O A D O I
S R A J C B S S É W W T G P V
A T Q S A C F I U V S S E P A
Z S P H N B E N G M U A C L I
F H J R A M I T L U I J I G U
N V N E N S I N A R V Q Z J Z
O B R I G A R I K H R K E I T
```

GRUPO
ALGUÉM
GEOGRAFIA
NACIONAL
PLANETA
REFORMA
GADO
REDE
ESVAZIAR
TRASEIRO

ULTIMAR
RESPEITO
TER
OBRIGAR
ENSINAR
ASPA
ESTIMATIVA
MOMENTO
MUSEU
ZERO

Puzzle 18

```
V M J V Y Q U N H T A Y W J D
C A R R E I R A E Z I M W F E
F A V O R Á V E L H J D V S N
V D U H B Z D C K O C M V R O
C O M P A R A R A I C I N I M
V Z K S F M O T I V A Ç Ã O I
B I O R A P E R A M I T S E N
Q U A R T A F E I R A S A D A
T H R K R N Z Y D L C U M E D
C A I R L A I N C D N J Z T O
C A V A L H E I R O F O G A R
P Ú B L I C O T X D Ã V M L U
B M N C E S S A R O V N A H V
L I M I T A R P E T C N Z E N
```

MOTIVAÇÃO   COMPARAR
SUJO   DETALHE
ESTIMAR   CESSAR
CAVALHEIRO   MAS
CARREIRA   NÃO
LIMITAR   QUARTA-FEIRA
TODO   INICIAR
FAVORÁVEL   REPARO
ARROZ   DENOMINADOR
CAIR   PÚBLICO

Puzzle 19

```
B Y H F Y P P V O L O I V B G
O G J N O E D A M I S É R I A
N G L K T R K U U R P F L A R
E X A R N I D H O S V E B L B
C R A L E G N O C A A I A F E
A J Q U S O J U N T O J P A Z
Z O U K S S R M W S N Ã A C T
T G A M A A E E M I R O R E X
J A L W G M T D T R P V E H I
R R Q U Z E B N Z O W N C T J
V I U H R N O E H T R X E A T
G B E B V T T U M O Z N R R J
S Y R X C E T D F M O Q O D C
A D M I N I S T R A Ç Ã O E H
```

BONECA
PAUSA
ASSENTO
FEIJÃO
ADMINISTRAÇÃO
TARDE
MISÉRIA
OBTER
PERIGOSAMENTE
ALFACE

MOTORISTA
JUNTO
LAGO
DUENDE
ZEBRA
QUALQUER
JOGAR
CONGELAR
APARECER
RETORNO

Puzzle 20

```
A S R Z D D A N E T N E C D O
G J A J Y T M X S A V H E E T
U G D O T Z O W Z Z U C E S B
L T R V X E R A I U G S E C A
H B O E T N E D I S E R M A S
A S C M E Q P I Z T Q V O R E
S A N D U Í C H E D E M N T L
H S O K X L R K L A N I T A M
F Ó C T M R F A Y W Y I A V J
R F Q S A L G U E I R O G E F
O V Z U C O N D O R W F E L S
V T V N E S H E L L C E M T U
M J E J T I W L M H O Z H G N
K O R A E M O N K C V B H D X
```

BASE   SALGUEIRO
RESIDENTE   AMOR
DESCARTAVEL   MONTAGEM
BOLO   VAI
GUIAR   VER
SHELL   HÓQUEI
MATINAL   CONDOR
SANDUÍCHE   CONCORDAR
CENTENA   AGULHA
NOMEAR   JOVEM

Puzzle 21

```
D A C D K L O B I Q S A P P M
I E T I M I L A B B K C R E O
L F S R O S N A R Z A U E Q T
M B A E I R Á D I O T S O U E
O P I J J N X K K L E A C E L
I O R E W A T N R A K R U N A
P D É O L V R E N G R A P O M
Ó E F X H X F A R J E E A N I
C U L T U R A L H A H V Ç D C
S D I Z E R I R G C Ç Z Ã Q E
E P O L A G H J K E E Ã O G D
L V I S U A L I Z A R F O W Q
E Y G X U D M W U V J A D D H
T U D W F K C O A O V K K Y E
```

PREOCUPAÇÃO	LIMITE
INTERAÇÃO	VISUALIZAR
MOTEL	PODE
RÁDIO	FECHAR
TELESCÓPIO	FÉRIAS
DECIMAL	SKATE
GALO	PEQUENO
ROSNAR	ACUSAR
GALOPE	DIZER
CULTURAL	DESEJAR

Puzzle 22

```
P X K G R Z O L S Q V A A M S
X I M L I Z I R A N I L N P U
G P Z Q D M T T Z J A U I E F
V B H Q B I O A G R G L M R I
S E P A R A R C G Z E É A T C
M E I R L D K A X B M B L U I
I D L R A N L U N Y I I B R E
N M E T N E M A M I T L U B N
U V T U O Q J W Y B E K Q A T
T S I E I S V R H L R R Q R E
A O V S C E S C O N D E R K F
I F N U O C O N S T R U Ç Ã O
C Á O M M A L C A N Ç A R G H
M T C O E S N E N V I A R S I
```

OITO
ULTIMAMENTE
CONVITE
MINUTA
ANIMAL
ALCANÇAR
EMOCIONAL
LIBÉLULA
SEPARAR
ENVIAR

DEU
ESCONDER
CONSTRUÇÃO
REINAR
MUSEU
VIAGEM
NARIZ
PERTURBAR
SOFÁ
SUFICIENTE

Puzzle 23

```
C K B N O D M I G O A B B S J
O V O J I E X E N S Y G V O O
W Q J Q Q P S I X V W X C M A
B I C D A R Q N K E A Z V B N
O U N A W I G U X G R D X R I
Y T O F C M X N J A I L I N
N A D A P I Q D A V E N W R H
R Y Y C U R I A R E M Q R A A
I N G L Ê S D C D T I F Y R R
X R O H N E S A I A C A S U A
F U R Ã O F E O M K M C O D M
E X J P Ç F E D E R A L M N O
T L X C M A D N I L T A A E R
T M P E Y L N A S A F K R P F
```

COWBOY
PENDURAR
SOMBRA
JOANINHA
LINDA
JARDIM
RAMO
CIMEIRA
FURÃO
GAVETA

INVADIR
SOMAR
NAÇÃO
MEXER
DEPRIMIR
-FEDERAL
INUNDACAO
SENHOR
INGLÊS
NADA

Puzzle 24

```
B C E N T A V O F U S V G V L
L E F U M M J B E A E O G E I
U T S F F D F K L Y M M W N M
G N C O J O D R O C A I J T P
A E T V U N H A V Y O C N O O
R U Q C C R V X V J Y É P T N
F Q Q E M E O W B A X D D U O
C O M P E T I Ç Ã O N P Z B D
D D R J R X I L M J M Ç R N A
E T N A R E G I R F E R A U N
M A N T E I G A L B C L I R I
E X P A N D I R P O E I R A E
N U M E R A D O R V E P X F R
S O N O L E N T O G A R Ç A I
```

SONOLENTO
BESOURO
EXPANDIR
DÉCIMO
QUENTE
LIMPO
GARÇA
VENTO
AVANÇAR
REFRIGERANTE

EXTERNO
NUMERADOR
CENTAVO
FAMINTO
LUGAR
REINADO
POEIRA
MANTEIGA
COMPETIÇÃO
ACORDO

Puzzle 25

```
N O B S E R V A R P M F G K B
P U M E I M C G A E É U I D M
R S M O Q Y J N E R D N G E S
L A W E R Y W G T S I D A H O
D D L X R D Q P N O C A N K B
G K V O A O E W E N O M T R J
F J A B S C S R P A C E E O E
D O V W E F W O E G P N S D T
P F R I R C K U C E I T C A I
U A N M P F A T O M Z A O N V
O T U T I T S B U S Z L L I O
F I W E I G Q Q E S A R F E N
B L I U C A A P R O I B I R M
A N T E S E S Q U I L O C T P
```

MORDER
PROIBIR
PRESAR
TREINADOR
BOXE
OBSERVAR
GIGANTESCO
PENTEAR
OBJETIVO
MÉDICO

SUBSTITUTO
ESQUILO
ANTES
FRASE
PERSONAGEM
NUMEROSO
FUNDAMENTAL
FATO
PIZZA
FORMIGA

Puzzle 26

```
C D M D Y U X S E D G K G G F
O C O A T O L O B E G L N R S
N O L M N R P X M F R A O W V
T N U Y I U B F A I A U H B P
A D T A U N A Y I N N T O L O
C I Í A O G A L O I I A Ã X F
T Ç P K Z P I N R R Z V S H E
O Ã A S E E C F T V O P S C W
M O C E O C N B R E D N E F O
I V D D W T Â Y W Y X K R D M
X V I O R E T E M O R P P U C
Ó T S S N N S P O S T A R B V
R G Y O W D I L N L T Q Z J Z
P J S N Y O D Z U O Y I L C F
```

DEFINIR
PRÓXIMO
POSTAR
GLOBO
TENDO
BOLOTA
CONDIÇÃO
PRESSÃO
MANUAL
PROMETER

ATUAL
OFENDER
SEDOSO
LAGOA
MAIOR
CONTACTO
GRANIZO
CAPÍTULO
DISTÂNCIA
DOMINANTE

Puzzle 27

```
D I R E C C A O T R E C P D U
C O N S T R U I R E B I A E C
R E C E R A L C S E R M D M O
I Z C R A N I L C N I P R A M
P S D F G C U V Z F D O Ã N P
O O P A P H A O A G N S O D L
E B S N Q R O T O K U T A A E
S A C I V N I T E H F O L E T
T N R P T H X M T G N I W F A
E S I S H I P H E O O M M V M
O R I E L A V A C I C R W J E
H O T E L O U O Q Y R L I I N
P R O M E S S A T K E O Z A T
C U I D A D O S A M E N T E E
```

DEMANDA
PADRÃO
CUIDADOSAMENTE
PROMESSA
DIRECCAO
ESPINAFRE
IMPOSTO
NABO
CAVALEIRO
CONSTRUIR

POSITIVO
CONFUNDIR
CATEGORIA
HOTEL
CERTO
COMPLETAMENTE
PRIMEIRO
OESTE
ESCLARECER
INCLINAR

Puzzle 28

```
F  K  J  O  Y  R  A  C  I  R  B  A  F  M  S
T  O  T  S  U  C  B  N  S  X  G  Z  P  O  A
E  S  F  R  E  G  A  R  A  I  M  K  Y  N  L
C  O  I  H  G  M  A  L  A  Z  N  C  P  S  G
A  I  A  P  T  Á  X  I  Z  L  A  O  L  T  U
P  R  L  R  H  R  S  U  P  O  S  T  O  R  E
A  U  G  R  A  D  U  A  L  Ç  A  S  A  O  I
C  C  R  E  P  M  O  R  R  E  T  N  I  R  R
I  M  O  S  O  F  R  E  R  R  O  L  R  Z  O
D  O  T  B  T  J  N  D  S  P  P  M  Q  I  C
A  R  E  G  B  W  T  Q  V  D  U  G  X  J  R
D  A  R  Z  F  P  L  X  D  N  C  T  A  X  R
E  L  I  N  Q  O  D  L  F  O  R  B  Y  Y  I
X  O  D  R  U  V  E  X  T  R  B  Z  O  U  C
```

MONSTRO	GRADUAL
CUSTO	SUPOSTO
MALA	CURIOSO
SALGUEIRO	PREÇO
TÁXI	RIR
MORAL	INTERROMPER
BOCA	ESFREGAR
DIRETOR	CAPACIDADE
SOFRER	FABRICAR
RATAZANA	STOCK

Puzzle 29

```
X V L A J L U C S U A V E D E
G P A I V A N T A G E M E U M
E J M A M E L B O R P E B V E
N O Y F L Ã E S T R A N H O R
F F R K T H O D C I G U Y G G
Q U A L I F I C A R A J T G I
E O X U J V A L E R T S E M R
N F E C R H L P H O O M R E T
T Y N G E D Q B L F Q I E B L
R Q A U Y N S M R I Y S T A X
A U G O V P O X U N C S A B E
R T L A U Y U U A D E A B J X
F L E X Í V E L R Z R T R S P
H I Q T V R O S Í A R A P I N
```

ESTRELA
VANTAGEM
SUAVE
GATO
ANEXAR
TERMO
PROBLEMA
LIMÃO
APLICAR
CENOURA

ESTRANHO
MAL
ENTRAR
FLEXÍVEL
RUA
PARAÍSO
BATER
EMERGIR
QUALIFICAR
ASSIM

Puzzle 30

```
N E V E L A U Q I V E O B I A
R N I M Â N A D A J G R B W A
R O S B M K V E O C I G Á R T
C H Ã O P T R A Z E R A M E N
P O O R A M D E B M D N G D E
O Q Z A D U Y X A I O I H N M
W D U I A C W A D Y M Z G O A
I O D A N V R X W L I A C P R
B O M M P H B Í X S N R L S R
C O L I N A A F T Q G D U E E
A I C N Ú N O R P I O P B R F
C A P T U R A B L B C T E K J
T E R C E I R O B O J A R G A
F E L I C I T A R H H I R G U
```

EMBORA
COLINA
PRONÚNCIA
QUAL
CRÍTICA
ORGANIZAR
FELICITAR
TRAZER
LÂMPADA
VISÃO

NADA
TERCEIRO
BOM
COZINHAR
TRÁGICO
RESPONDER
FERRAMENTA
DOMINGO
CAPTURA
CLUBE

Puzzle 31

```
V E L O C I D A D E I Z A Y E
D V W V W R K W W K G L L J S
W U V A Y J R P O R É M I R P
X O R C G N I K C O T S M E A
H C E A K J R A R Y F V E P N
W L C G J K B L S D I B N E T
Q U E S T Ã O U Q S G D T T A
Y S L A S A C L L E I X O I L
E D E R A P S Í L E Q S V R H
B S B X Y Z E P E T I B T L O
Z V A M E X D Y H Z E T Y I B
E S T R A N G E I R O R U A R
L B S M T B F V C T W U R R M
M R E B E C N O C Q P I Y A A
```

ALIMENTO
VACA
STOCKING
CONCEBER
SUL
TERRA
COUVE
ESPANTALHO
VELOCIDADE
ASSISTIR

PORÉM
REPETIR
LEITURA
QUESTÃO
ESTRANGEIRO
PÍLULA
DESCOBRIR
PAREDE
ESTABELECER
CASAL

Puzzle 32

```
N N U M M B B Z R I F H U K C
C O B L N R X X M F X I Q Q O
S G B E F E A O I O A S D R M
L I I R Z V J Q R U O T A E P
E N D H E E T L T V Y Ó H I U
V D B Z W X P O M W B R L C T
Á F I D A N Ç A V O Y I I O A
D D V A R A N D A A D A V N D
A A R T H U T M D T H E A T O
R T F S Q J M I Z I U L R A R
G R I T O E S Q U E R D A N K
A C K F O T O Ã D R E P M G O
C O E L H O O E R I M E R P F
T T D H K J Y P O D I U L F K
```

PREMIR	DIREITA
NOBRE	MODERNO
FOTO	PERDÃO
HISTÓRIA	REI
COELHO	COMPUTADOR
CONTA	ESQUERDA
FLUIDO	GRITO
MARAVILHA	AGRADÁVEL
BREVE	FITA
VARANDA	DANÇA

Puzzle 33

```
T N F A H C I S L A S M S P P
T E C B U R R O Z V F O I R O
O T N A B R E P P I L F L E N
Z N C I R Ú J R P S S G Ê E T
I E T J S R H S P O C G N N U
I M H K O T I S N T O H C C A
N Y J L V P A N I O R B I H Ç
I P D J J I H B H V R R O E Ã
P L A N T A T Q E A E X T R O
T E R Ç A F E I R A N G O N G
W G X F I L N A G D T N N A S
G U C Y G R A R T N E C N O C
L O T E L U D J F O Y B G T L
T R A N S P A R E N T E V B I
```

TERÇA-FEIRA
LONGE
ONDA
CARRINHA
AVISO
TENISTA
VOTO
CORRENTE
PONTUAÇÃO
MENTE

CONCENTRAR
PREENCHER
PLANTA
SALSICHA
LOTE
TRANSPARENTE
JÚRI
BURRO
FLIPPER
SILÊNCIO

Puzzle 34

```
O V P P R E R M I S T É R I O
R E V E R C S E C O C C A K D
S H N C R E O L X N O O N R E
M F L A S T S D H T R N I G S
E S T U D O E S C E T S V B A
P E Q A J Ç W N A M I T E P P
B E B L C O R A C A N A R C A
L Y S D R M Y Ç Q E A N S M R
J X N Q V L E R Q P R T Á O E
M E K Z U A K O L U Z E R C C
H O O D M I L F K I L Y I H I
A M Z V R E S P R A T A O I D
K T M W A R Z A P A C F Q L O
W F N I L A U T I B A H M A J
```

PRESSA
ESCREVER
ESTUDO
AREIA
ANIVERSÁRIO
MOCHILA
HABITUAL
PESQUISA
CONSTANTE
CARO

PRATA
DESAPARECIDO
CORTINA
FORÇA
PERTENCER
LUZ
MISTÉRIO
CAPAZ
ALMOÇO
ONTEM

Puzzle 35

```
R A Z I L A E R T O A D V E G
E C B G O S T A R C Y O P M I
V Q U E I M A R Q L U L A B R
E V V Y K G H Y A C U A O R A
S E Õ Ç A M R O F N I V T U F
T A F U X I M P O R T A R L A
I Z M K V T S K T A R C A H Z
R B V B R I K A N L M E U A R
A P W E I F S M A A Q T Q R O
F B N L F E Q I C F F N E Z D
S X K O U C N D T L J E I S A
O C U P A R G T Q A P R L Z E
A P R E N D E R E N K E U I G
I E Y O S E S Y X I M G T M Z
```

FALAR
OCUPAR
REALIZAR
LULA
CAVALO
APRENDER
REVESTIR
RODA
VISITA
GERENTE

GIRAFA
EMBRULHAR
INFORMAÇÕES
IMPORTAR
CANTO
GOSTAR
QUEIMAR
QUARTO
FELIZ
AMBIENTE

Puzzle 36

```
L T Y P H M C N E L J X G N I
B T V E U E O O Ã T S E G J T
P C M W A N O E M S Q U V M E
E R Y K O T I S Ó P O R P X M
P Q E A I A Z P G G L I M P J
M W R S U L G G C L U E I G C
P T J L I L V R P B R U T J E
D J X R E D A A P I U Q E O Y
S H O W B U E U M G G Q T Ã G
R B O A N O J N D X N E U L U
F B A C I N C É T S A P B A E
A M E R I C A N O E C D O B R
D E L I C I O S O A R M A U R
K I W I X W T O M A T E G W A
```

EQUIPA	DELICIOSO
AMERICANO	TOMATE
GESTÃO	KIWI
TÉCNICA	BALÃO
GUERRA	ARMA
PRESIDENTE	SHOW
ANO	AULA
TUBO	COMPLETO
GRAU	PROPÓSITO
CANGURU	MENTAL

Puzzle 37

```
I  N  V  E  R  T  E  R  E  B  P  I  P  J  R
P  E  R  E  C  E  R  Á  D  O  S  M  R  L  N
F  R  O  N  T  E  I  R  A  I  S  B  O  K  J
Z  D  T  Z  S  X  A  I  D  K  L  M  V  C  A
U  A  U  J  U  U  G  I  R  V  C  Y  A  O  L
W  W  D  N  F  K  R  P  E  X  V  N  R  R  H
U  F  O  U  W  F  Y  P  V  Q  U  G  G  R  O
C  L  R  O  Ã  Ç  A  M  R  O  F  L  D  I  P
F  A  P  Q  Q  M  N  E  U  E  O  I  O  G  O
O  Z  S  P  L  J  S  R  Q  J  E  T  I  I  R
P  V  E  C  X  E  I  E  O  O  B  N  S  R  Ó
C  M  Q  F  A  S  O  U  Y  V  K  E  D  D  M
C  U  P  I  D  O  S  Q  B  P  R  G  S  E  G
F  A  I  S  Ã  O  O  C  I  F  Í  C  A  P  R
```

FAISÃO	CUPIDO
DOIS	IRÁ
PRODUTO	GENTIL
FRONTEIRA	CORRIGIR
QUEREM	PACÍFICO
VERDADE	INVERTER
ANSIOSO	PROVAR
BOI	FORMAÇÃO
ALHO-PORÓ	CASCA
PERECER	SURPREENDER

Puzzle 38

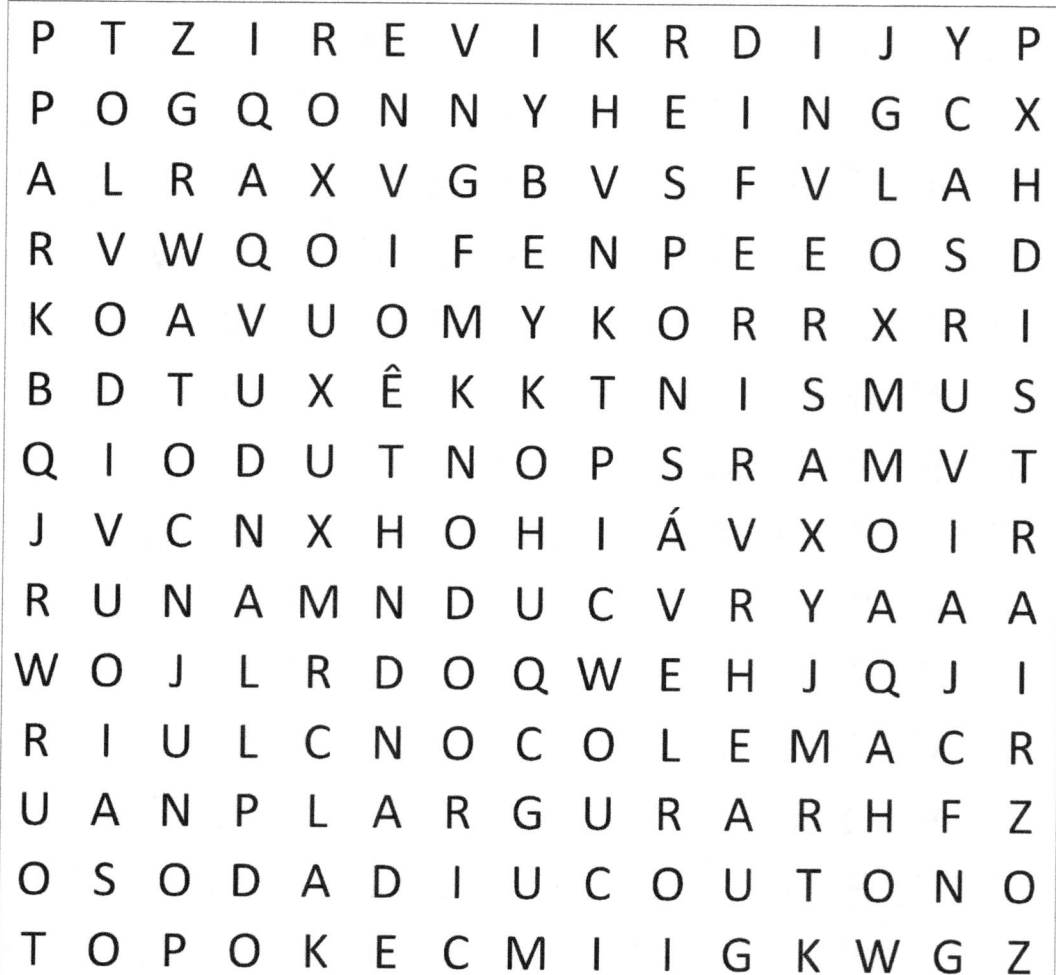

```
P T Z I R E V I K R D I J Y P
P O G Q O N N Y H E I N G C X
A L R A X V G B V S F V L A H
R V W Q O I F E N P E E O S D
K O A V U O M Y K O R R X R I
B D T U X Ê K K T N I S M U S
Q I O D U T N O P S R A M V T
J V C N X H O H I Á V X O I R
R U N A M N D U C V R Y A A A
W O J L R D O Q W E H J Q J I
R I U L C N O C O L E M A C R
U A N P L A R G U R A R H F Z
O S O D A D I U C O U T O N O
T O P O K E C M I I G K W G Z
```

DISTRAIR	ROXO
ENVIO	OUTONO
OUVIDO	PONTUDO
BICAR	DIFERIR
PORQUÊ	INVERSA
CUIDADOSO	ROUPA
TOPO	UVA
CAMELO	CONCLUIR
RESPONSÁVEL	PARK
ATO	LARGURA

Puzzle 39

```
F P G X K B L U S A W Q D O R
E U R W G H X E O Y D G E I W
F P M E N C A B A L A N Ç A R
E W H A S I W N H A F B A L Q
I E L Q Ç E J O E T N E I L C
T M D N S A R T N O L O S Y L
O S O V U H C V E Q S V W Z E
I T U X T U J Z A I U O R D P
A F O G N I M O D R W T Y H U
R A T I T U D E L Í D E R S F
J X N T R A N Q U I L O U E P
R R E T S E T N E V E Q A N C
X I V R E S P I R A R G O W V
Z P E T U L I P A D I V O C Y
```

DOMINGO	OVO
LÍDER	CLIENTE
TESTE	TAL
EVENTO	TRANQUILO
TULIPA	BALANÇAR
ATITUDE	PRESERVAR
NEVE	CHUVOSO
RESPIRAR	BLUSA
FUMAÇA	EFEITO
LEI	LONTRA

Puzzle 40

```
G A E B R I R E F E R P X H L
U N N J L A T N I U Q Ê I M J
Z P C T P Y P N W G G S N R N
F L O M L A C O D I Y S U X L
U P N N C A I T S R C E G L A
Z E T O T A C N J A O G M S X
B R R X S U D E S H N O J N S
W T A H M P A M P N V I L B P
S S R Z S E R A K I E R B P Q
P A P I A L U L P N R P G E L
F S B G Z V D U X A S Ó M D C
C E D I L S R G Q P A R A I S
Z D T Z A L O E U S M P Q D K
D N K Y I Z G R I R B O C O N
```

DESASTRE
SABIA
ENCONTRAR
SLIDE
RAPOSA
CONVERSA
ANINHAR
GORDURA
REGULAMENTO
COBRIR

REFERIR
PRÓPRIO
QUINTAL
PIA
SER
VAZAR
PEDIDO
CALMO
LULA
PÊSSEGO

Puzzle 41

```
U K J S V B G V I S I T A R G
W Y P T W M R A N E D R O C O
J P A R U D A M I E U Q N H V
F Z E B R A T C O N E X Ã O E
O A X U I M U P O N R E F T R
D S C T T S I V L N I N C P N
I N M A B N T M G B U S T X O
R E G I Ã O O I M A G I N A R
O T F N C J H O J E E C C T J
L S N I B E R Ç O N S A F R H
O E N F C V E Z D H R L D G U
C L I J K A N W C L E O T K O
G S R B C J R P Z K P R E H F
M O T O C I C L E T A V V B H
```

QUEIMADURA
VISITAR
GOVERNO
IMAGINAR
ORDENAR
CONEXÃO
CISNE
LESTE
ZEBRA
FICAR

BERÇO
COLORIDO
FACA
CALOR
MOTOCICLETA
SINO
PERSEGUIR
HOJE
GRATUITO
REGIÃO

Puzzle 42

```
G W S O S O G I R E P A P M J
W W O E T E S C O M O U A O B
S L B V C D R G Q L D T R L J
X U J S L A O V I Y J O A H U
N O M E P X W B I D P R B A M
S O C I E D A D E R Q I É D B
I D E N T I F I C A R A N A W
E N S O L A R A D O A T S E C
J N M B E U Q A T S E D W V A
R E T O R N A R J U X V L E S
I Q J S I L J X E U X H O S C
S A T I S F E I T O D Q J T O
E S P O R T E S Y M U A P I Z
A C T U A L I Z A C A O R R S
```

AJUDAR
ACTUALIZACAO
PARABÉNS
ESPORTES
PERIGOSO
IDENTIFICAR
AUTORIA
DESTAQUE
MOLHADA
SOCIEDADE

ENSOLARADO
COMO
NOME
CESTA
SATISFEITO
SECA
RETORNAR
SERVIR
VESTIR
CASCO

Puzzle 43

```
C W B L V F N S B M C A Ç Ã O
O E U G N A S U F R S E T E V
B A S P W I C P C S A U G A R
E R U P Z G D O W Z N V B V O
R M K C E X P R I B U S O L C
T Á W R R R G T M E M Ó R I A
U R X A I M A E A L T U R A Z
R I Y F U C Z R B Z W I Q E O
A O A I K R R E G U L A Ç Ã O
D E S T A C A R D L I A Q K D
Q W Q I X F C L O B E T U F E
E S T R A N H O U C J I Z I Y
B W N Z W O T L A N U B I R T
B E M S U C E D I D A G L X W
```

SANGUE   CORVO
COBERTURA   ANULAR
TRIBUNAL   REGULAÇÃO
ESPERAR   SUPORTE
ESTRANHO   AÇÃO
ARMÁRIO   BEMSUCEDIDA
SUBIR   AGUA
DESTACAR   SETE
BRAVO   ALTURA
FUTEBOL   MEMÓRIA

Puzzle 44

```
L E A E B Q V L V D E L E S H
I N R D L E G A L E D A A G O
M T I A V X I M E O R L S P S
P A E D W O I T T U A Ã E L P
A N R I J Ã G B N Y V L O B I
R T A L X Ç T A E H A M B L T
V O L I T A V W D Z L P M U A
M U M C J T X P I O V X A E L
P X F A J A X H C W H O R B A
C P O F E N J B A P S C F E R
G E N E R O S I D A D E E L R
F M B M N O V E U Q A T A L M
P R O D U Z I R Z Z V K Z V E
D E F E N D E R I N G L Ê S Q
```

ACIDENTE	FACILIDADE
ATAQUE	ADVOGADO
DEFENDER	NOVE
GENEROSIDADE	DELES
LEGAL	FRAMBOESA
BLUEBELL	INGLÊS
HOSPITALAR	LAVAR
ENTANTO	PRODUZIR
VERÃO	LAREIRA
NATAÇÃO	LIMPAR

Puzzle 45

```
I  L  A  D  I  V  F  B  W  C  O  A  M  F  S
Q  L  C  M  A  W  R  A  R  G  I  M  U  A  E
Q  J  E  O  P  J  A  C  M  N  B  E  L  Z  L
T  X  S  Q  T  N  G  N  R  K  L  G  T  E  V
C  E  S  A  N  N  M  U  M  U  X  A  I  N  A
O  D  O  C  E  M  E  N  A  G  N  D  P  D  G
J  A  G  E  G  K  N  M  I  U  R  R  L  A  E
R  D  Q  N  O  M  T  R  A  R  E  O  I  P  M
H  I  P  A  C  Q  O  P  D  Z  Z  B  C  L  Z
A  C  C  R  I  J  L  U  I  L  I  A  A  U  A
W  K  X  O  A  S  Y  J  R  M  R  L  R  C  L
O  W  O  Y  R  Z  P  D  R  Z  J  Z  S  V  A
A  M  I  G  O  K  M  I  O  A  X  R  K  E  K
S  B  Z  M  N  E  W  Q  C  R  H  B  D  U  D
```

AMIGO	ABORDAGEM
MULTIPLICAR	DESLIZAMENTO
ACENAR	RUIM
SELVAGEM	NEM
VIDA	NEGOCIAR
RICO	FAZENDA
ACESSO	MIGRAR
FRAGMENTO	CULPA
ERA	NUNCA
CORRIDA	CIDADE

Puzzle 46

```
A G E S P A L H A R H S G B L
D F E R X X C O I C R E M O C
I A E R A N O I S S E R P M I
V C T P I F H E T N E I C A P
I U T I D R I S O L O A L M B
N L J B G G Z N T T F O I E L
H D Y A R E A B A M W E N N X
A A D C V U L D F L A P V I B
R D R I O L V A Y O N I E C Z
F E G Q E F S O L O R T N O C
C O N S E C U T I V O C T R P
N C O N T A G E M Q F W A B R
S C E X C E P C A O V A R J F
P R I V A R C H A M A D A O Y
```

GERIR
ESPALHAR
SERIA
COMERCIO
PACIENTE
RIO
FACULDADE
CONSECUTIVO
CINEMA
PRIVAR

INVENTAR
CONTROLO
EXCEPCAO
CONTAGEM
ADIVINHAR
IMPRESSIONAR
FINAL
TIGELA
SOLO
CHAMADA

Puzzle 47

```
B O L B R D I M I T A R J W H
C V E E O O E H M O S T R A R
E O T W X L Z S A Z B P P W O
X I N J Y O A X E T S E R J I
P R E F P A H D D R E U Q E R
L Á M K I O N A I P T Q D Z P
I N A H M Á U A V W K O C L Ó
C A T B V X V Y X P P E G A R
A C A Z N I C E J T Z K P I P
R D X A V Ô Z O L Y Q S Q R M
L O E J A Q U E T A O E T E I
C O M P R I M E N T O M J T X
Z T C O A O T N E M A Ç N A L
R E P E T I Ç Ã O M N M V M X
```

IMPRÓPRIO	PIANO
CONFIÁVEL	AVÔ
REQUER	DESERTO
JAQUETA	COMPRIMENTO
CANÁRIO	REPETIÇÃO
BOLA	PEGAR
MOSTRAR	EXATAMENTE
MATERIAL	UNHA
LANÇAMENTO	EXPLICAR
CINZA	IMITAR

Puzzle 48

```
D D E A H X O B I J M Z W Z E
E E P H L X H R T H O V V S D
S V G L A T N Y E R N S W Y E
A O C E T Z E O M H R Q X H T
P T O B R A P R D N O C W L E
A A M A A V M U A N T M C H R
R R P F E R E T Y R S B M A M
E A R E N K S U P I N C E L I
C T O R T I E F A E A N D O N
E I M A E S D O H L R I R B A
R S I T L O U K H I T Y O T R
S E S P S V V L R N A O G L I
J H S P P E R D I D O Y H T R
W O O G A R R A F A D U P L O
```

DUPLO
DETERMINAR
PINCEL
PERDIDO
ABELHA
FUTURO
GARRAFA
DESAPARECER
ITEM
ORDEM

TAREFA
HESITAR
DESEMPENHO
COMPROMISSO
ALTO
SUL
ATRAENTE
TRANSTORNO
ALTERAR
DEVOTAR

Puzzle 49

```
C R C O M É R C I O L T U W S
O E A Q U A N T I D A D E V A
N B T S D P C C A P X Z F K C
T A E E E T R E D R E P W W P
R N N S S R C E O F I C I A L
I H D R H X V V C E H Y D I A
B O E M R O N E C I X S D E C
U Z R E V R O S B A S U A P I
I W Q U D O Ã Ç I D U A J O P
R I T I M R E P T W C W R T O
Y U Y C U Y W S A B T B O N R
D I R E Ç Ã O E C I X V B E T
F E D E R A L U M V C M G C D
I N I C I A D O J T A K I W I
```

AUDIÇÃO
ENORME
INICIADO
COMÉRCIO
SERVE
CENTOPEIA
KIWI
CONTRIBUIR
TROPICAL
FEDERAL

OFICIAL
QUANTIDADE
PERDER
ABSORVER
ATENDER
PRECISAR
SEU
DIREÇÃO
REBANHO
PERMITIR

Puzzle 50

```
T A N C X N H E G H B S A S I
G E V O I R Ó T A L E R Y E N
F T S I R E C E H N A M A D S
A N L E C C N N F G W V R A T
R A C O F E X T J P X D I M A
A G Q V U T J U I H S J E Á N
L I W A D A X N E S L K F S T
U G B U R A C O Y K T G A C Â
P R O P R I E D A D E A D A N
I P O N T E D E N T R O N R E
N D E M O N S T R A R G U A O
A M L D H O S P E D A R G A F
M J I E Q R K U H A S C E G X
S E P L K M B O K B H C S G Q
```

DEMONSTRAR
SEGUNDA-FEIRA
DENTRO
HOSPEDAR
ENXADA
INSTANTÂNEO
PROPRIEDADE
TESE
FOCAR
BURACO

MANIPULAR
PONTE
AVO
CIENTISTA
AMANHECER
MÁSCARA
MIL
SEDA
GIGANTE
RELATÓRIO

Puzzle 51

```
V O E L J N L L J C A B I N E
O I R K P A G O R D S D P U A
C T V Y Q T U T Z E G C P O O
A E I R S I M L A L E G R I A
B N L I A V Y A Q G K Y A R C
U T H T D O Z R R Z V F N Á O
L A A I A L J W R C G Y O N B
Á Z X M T T O T A L A R I O E
R A D S S X X T M W E R C I R
I R A N A G N E A H H K N C T
O T S A G V W K R P F O E N O
Y R N R S E M P R E E T M U F
B L L T E Y T I E J I T R F C
J V A H D O B L D R A T E C C
```

ENGANAR
FUNCIONÁRIO
SEMPRE
COBERTO
TAPETE
GASTO
TRANSMITIR
OITENTA
ALEGRIA
MENCIONAR

CABINE
NATIVO
ERVILHA
DESGASTADAS
LUA
DERRAMAR
DROGA
VOCABULÁRIO
MARCAR
TOTAL

Puzzle 52

```
C A R N E H M J P B B B C N Q
O R B M O C Y A R O A E A O I
N L I T Ú A L Z E U T D C O V
H A H L O F R M C S I M H D C
W Q R E R Y E A I E D X O R U
C O G U M E L O S S A E R A W
G E N G I B R E Ã S I R R P M
D C O M P R A R O H E N O O A
Z E T N E M A D I P A R A E C
I M U D A N Ç A A O T Y P L I
C K G R Y Y L W N Y S P A A O
G E K W Z E T A R N J E T W N
E S C O L H A T S I T N E D D
N G Y Y N Z M K A S Z T I K W
```

LEOPARDO
DENTISTA
ORA
OMBRO
COMPRAR
GENGIBRE
ÚTIL
MUDANÇA
FOLHA
ESCOLHA

BATIDA
OLHE
RAPIDAMENTE
MACIO
CACHORRO
PRECISÃO
COGUMELO
APRESSAR
CARNE
SINAL

Puzzle 53

```
A C C G D Y D F V H D N S Z D
I V O T O L B C O M S N A O E
C Q L V R V M Z F R O T L Ã C
N L I Q T W E Z O D N U Ã S I
Â R D W L Y G R Z U R E O I S
T I I N E J A A N N E Z C V Ã
S A R W F E M D F A T B H E O
B O L S A X I N U V N A F R R
U C P E D A F A G G I T R A V
S J S D H G A R A T I D E P H
O Z A L R C A M I N H Ã O Y R
O N S Q L A C R O C O D I L O
T S H X K L K C O S T U R A R
U E T N E M L E V A V O R P F
```

COSTURAR
SUBSTÂNCIA
BOLSA
FUGA
DOZE
COLIDIR
IMAGEM
SALÃO
DECISÃO
ANDAR

REVISÃO
GOVERNANTE-
DRAKE
FORNECER
PROVAVELMENTE
CAMINHÃO
CROCODILO
EDITAR
FELTRO
INTERNO

Puzzle 54

```
I  E  M  P  R  E  S  T  A  R  T  W  X  E  R
A  N  P  E  N  S  A  M  E  N  T  O  K  H  E
M  E  T  G  H  I  R  A  I  K  N  G  J  G  S
B  M  D  E  O  S  O  M  A  X  T  U  U  X  T
I  P  E  M  R  K  O  J  H  Z  I  F  D  D  A
E  R  S  A  C  E  F  L  O  R  E  S  T  A  U
N  E  P  X  U  M  S  L  Á  G  R  I  M  A  R
T  G  E  E  L  U  F  S  F  Á  C  I  L  I  A
A  A  R  J  H  G  H  A  A  I  U  G  Á  C  N
L  R  D  S  B  Q  B  W  X  N  B  H  R  N  T
K  Q  Í  U  S  Á  B  A  D  O  T  S  C  Ê  E
Z  I  C  S  I  T  U  A  Ç  Ã  O  E  V  I  L
I  O  I  D  Ó  S  U  R  P  R  E  S  A  C  U
D  H  O  C  O  N  C  O  R  R  Ê  N  C  I  A
```

DESPERDÍCIO	FLORESTA
FÁCIL	LUCRO
RESTAURANTE	PENSAMENTO
SÁBADO	AMBIENTAL
ÁGUIA	SITUAÇÃO
EMPRESTAR	EMPREGAR
EXAME	SOMA
CONCORRÊNCIA	CIÊNCIA
INTERESSANTE	SURPRESA
LÁGRIMA	ÓDIO

Puzzle 55

```
A M A N H Ã P E P R N H J C P
C O N V I D A R A E Y Z H O L
P O L Í C I A R S L R R Y R F
Q R P A U I H U S A D S Z R Z
F A Z A T S C D E Ç T P L E Q
B L P D S A K E I Ã A U J S G
M C Q P D O N U O O A T F P M
  E W S S G N Q H S X E N O U
B R A H L I T R A P M O C N S
A A C G K R B A A P F X O D I
I R W F Á T R P A T W Q M E C
X A Z E U S U N Y W R F I R A
O P K B Z G X C A R R O N G L
A W X I J S O Ã G A R D C Z E
```

NATAL   PASSEIO
TRIGO   BRUXO
RELAÇÃO   RUDE
PARAR   GÁS
BAIXO   ALCE
CORTAR   CORRESPONDER
COMPARTILHAR   POLÍCIA
MUSICAL   CARRO
AMANHÃ   CONVIDAR
DRAGÃO   PARQUE

Puzzle 56

```
S T E C W O V I T A E R C E R
U E L P S M M R R R D X I V R
C N E P W P I L O M E Y W X J
E T M A P P O S L A F N B H P
D A E Z I I F E I N Q N Ó U G
I R N U N B U Y T T E U F J X
D R T L H N G I S E D E B C O
O R A C W S J F E R A A O Z K
E L R N H T R A N S P O R T E
O N L E V A Z I L I T U E R K
V E N D E R N E S P O N J A O
O C R O P O X C J N Q Z R D E
N F S K W H E G E D P Y Q B X
I N D I V I D U A L F O G Ã O
```

TRENÓ   ELEMENTAR
FALSO   NOVO
RECREATIVO   PAZ
MANTER   SIM
INDIVIDUAL   CHANCE
VENDER   ESPONJA
DESIGN   SUCEDIDO
PORCO   REUTILIZAVEL
FOGÃO   TENTAR
TRANSPORTE   ESTILO

Puzzle 57

```
T G O U L O J M G L Y L C R D
F B S R O Ç W E E E C X O E E
R E L A X A R L X Y O P M T S
F T B N E D N A J S D D E I C
Y S O I R E I N S O A A Ç R R
N I N F P P R C U D G O A A E
G R E N G O Y I G A I O R R V
V T C O S Ç G A E M R R T B E
B I O C U A Q Y R A B R M N R
N U D S A P O B I R O E B E Y
A E S R Z S T D R G A F J H T
G I U C O E I P M A N T I D O
L S L A A A U Q Y G K R E X U
P F A F P W M P D C N L S K G
```

FERRO
COMEÇAR
BONECO
VIDRO
SUGERIR
GRAMADO
CONFINAR
MANTIDO
MELANCIA
RETIRAR

SAPO
ESPAÇO
DESCREVER
PEDAÇO
MUITO
TRISTE
JOGO
RELAXAR
BUSCA
OBRIGADO

Puzzle 58

```
P O L T R O N A N S W W M C Q
B A I F X C J D L R A G U L A
W G O P D O E E G U E L W J Z
E T N E M A T C A X E E V V L
V F I S N D N O D X A V R A I
R I Y O H A E C A W R A E M R
I O G T V E S E R I Á I S O E
E O D Í F G E R O N P R P R H
I H X O L T R P P S I A O A L
L N E F V I P L M T D V S N O
P E R T O I A N E A O K T G C
K T S Z C C A V T V Q U A O Z
R A B B E D Z X V E I K S O V
C A D E I A O T E L E U Q S E
```

CADEIA
TEMPORADA
COLHER
ALUGAR
MORANGO
PRESENTE
EXACTAMENTE
RÁPIDO
ESQUELETO
PESO

INSTAVEL
VARIAVEL
PRECOCE
RESPOSTA
GEADA
SALVAR
VIGÍLIA
PERTO
RODOVIA
POLTRONA

Puzzle 59

```
K C A N T I G O T S A V E B A
A P J T M A R G A R I D A I C
L Q D A V I T A N R E T L A L
E R H I L F U M O N T A N H A
O A Y D W O C G B M N T H H R
L N G S R B S V O J A E T Z I
U E E Y O Z Z I B N R L P D E
G Z B S R B E P M P U C L W H
N A Q R I W V R U A D I B K N
Â M D O E C L I M A C C H A
I R W R D T A L T O T I N O B
R A T W R R T R E M T B R R Y
T M E T O Q Q F U Ã N Q B L Q
K B R E C E U Q S E O W Z L G
```

DURANTE
BONITO
TRIÂNGULO
BOBO
TALVEZ
CAMISOLA
LEBRE
CORDEIRO
DIA
ESQUECER

MONTANHA
VASTO
LEÃO
BANHEIRA
ARMAZENAR
CLIMA
ALTERNATIVA
ANTIGO
MARGARIDA
BICICLETA

Puzzle 60

```
E S T E N D E R A E F N V D T
M Z I H A R Y C T S O E Z U O
B K B R S K I O I T L A E R N
V F E P Z C A N V Á M H V O E
I D T W N D Y F I G E N L J L
R T N O F W L O D I M I A D A
B E I F G A S R A O B L T Z D
S H V R Y V I T D N R A A H A
N U O I O H L O E B O G C N M
I D U W S C O N S E L H O S O
A Z F Y O T D U P L I C A D O
R E O Ã H L A C N I R B C V N
D I V E R S Ã O P G V B M V J
P O R C A R E V A M I R P M W
```

DUPLICADO	CONFORTO
TALVEZ	PORCA
TONELADA	BIT
MEMBRO	CONSELHO
DURO	ESTÁGIO
VINTE	DIVERSÃO
PRIMAVERA	BRINCALHÃO
TIRO	GALINHA
REAL	ESTENDER
REVISTA	ATIVIDADE

Puzzle 61

```
C K X S K L U G C U R V A H C
B R L O T I E R T S E A L Y O
I A E M K D C A D A R T S E R
S C V S K A V V V L Q I F D A
O I Í E C R L A E S C A D A H
N F T M S I Q T P I J H M F L
T I S W X P M A I K S N H F O
E S E Z G A A E C B L I P O Q
V S M A R V C N N V S M I T U
T A O H N A M A T T Q Z S X E
G L C L C B L V U A O P A R I
P C B E D A K D P W L E P G J
E R W V S E X T O Y V H Y N O
G R N O A C A I C N U N O R P
```

CURVA
ESTRADA
TAMANHO
QUEIJO
LIDAR
ESPANTALHO
GRAVATA
SEXTO
MINHA
COMESTÍVEL

CRESCIMENTO
COR
OVELHA
PRONUNCIACAO
PAR
ESCADA
BISONTE
CLASSIFICAR
OLHAR
ESTREITO

Puzzle 62

```
K C M S O L E R A M A N M E N
C H E I R A R A Y A E E C N C
V O Z W G U T C V R O G Z T O
M I X Z F S Y O E I D A L R N
D O S L U M E T A P S T Z E C
A E Q T B W O O D O I I C T L
L H C A A S T A O S M V B E U
M C R A O D R E P A P A U R S
V U R X D V S Z A R L W F U Ã
U D I U A Ê Y F D S E E I H O
X N R Y G N N B A S S K I D J
S V E G L A W C C O L U N A M
L W F A H S A M I R G S E O H
P R E V E N I R B A D K G B O
```

ESGRIMA

PERDOAR

VEADO

AMARELO

NEGATIVA

VISTA

CONCLUSÃO

MARIPOSA

PREVENIR

SIMPLES

COLUNA

CHEIRAR

RUGA

TOCAR

BICADA

DECADÊNCIA

LUME

DUCHE

ENTRETER

FERIR

Puzzle 63

```
G P R O S S E G U I R O R H M
S O C I F Í N G A M Q L K L A
D O S N A C S E D D F R I O S
P Ã B T A E Y U M E U Q O H C
D Ç Z R O C E R V E J A U L U
J I V R E S A G S Ã L K U E L
D S X U M V C D S M F C U P I
O O M N U C I B M S N Z I S N
R P V Z L J J V E I E K A E O
T M G V O L O F E E T N E O D
B Q H G V J M I Z R N I V Z Y
M A R G A R I D A R E M R R I
P A R T I C U L A R G Q U E M
T E R M I N A R C E A T X B P
```

MARGARIDA   POSIÇÃO
ESPELHO   PROSSEGUIR
FRIO   SOBREVIVER
QUEM   MAGNÍFICO
CERVEJA   GOSTO
PARTICULAR   MÃE
VOLUME   AGENTE
TERMINAR   CHOQUE
DESCANSO   DOENTE
ADMITIR   MASCULINO

Puzzle 64

```
O G P J U B F M R A C I D N I
S R T R E M E L P R G F Q S V
S E G V F W R R E T Á R A C E
O B D A I R O E T V P L I J N
R P V F N K Z Y E Z Y O D Ã P
G D R A B I C O R T E S I A O
I E A A U X Z Y K Q V S P C M
O S X B D F U A N R E A R A F
G L U C G O T U Ç L T R E S Q
F O P G A R F O V Ã B I P T Y
V C R O S N A D O B O G A A M
K A S G N C U D N L Z G R N Q
M R A C I N U M O C I A A H H
D I S P O N Í V E L I B R A R
```

FEROZ	GROSSO
ROSNADO	TREM
PREPARAR	ORGANIZAÇÃO
DESLOCAR	CASTANHA
CORTESIA	DISPONÍVEL
GARFO	PRADO
PUXAR	AGRIÃO
COMUNICAR	INDICAR
TEORIA	OBTEVE
CARÁTER	GIRASSOL

Puzzle 65

```
L R C O N F I S S Ã O J X F C
Q U E D A D L U C A F Z G T A
F B N C A I Q Q A M D G M I C
O G L A O I N T E R V A L O A
Ã E R C R L C R K Q R W H L J
Ç X A S C C H A O X U L F L C
N C I Í A I I E I H F O G E O
E E N A I S W S R E J K V X M
T Ç H F X N M U Á K T Y O P A
A Ã A Z A E B N S S H R E R E
Q O W N I S S A S B T G W E X
S E N T I D O M O M A N T S L
R A B A N E T E L L H P Q S U
A X J M B Q X J G Q V Q D O A
```

RAINHA   CACA
CONFISSÃO   INTERVALO
GLOSSÁRIO   ATENÇÃO
FAÍSCA   ALGO
MANUSEAR   CAIXA
RECOLHER   LUNAR
RABANETE   EXPRESSO
FACULDADE   EXCEÇÃO
FLUXO   SENTIDO
OLHADA   CISNE-

Puzzle 66

```
V B K S Á R T A U E C V P N S
K A R E O O R G M A A A R V S
H Z G D A R O P L R M G O P I
R E C A F I R Q B A I A C E G
V R G D L M Q I L B N B U R I
X U C I I U P K S M H U R I L
N T U M Q G M A H O A N A G Z
Z A L U N L Y E G Z D D R O C
Q N A H J A Y B T A A O A T C
S B R I L H O T N O R P U X T
E X T R E M A M E N T E T U K
Z B N E C G X E A D J J U K S
E K E G T G X H M J D J L N L
F X C W E V O A R X R G F Z J
```

FEZES
CAMINHADA
PROCURAR
HUMIDADE
VAGABUNDO
VOAR
BRILHO
ATRÁS
NATUREZA
ALGUM

PRONTO
ZOMBAR
PERIGO
VAGA-LUME
CENTRAL
FACE
PAGAR
FLUTUAR
SORRISO
EXTREMAMENTE

Puzzle 67

```
S A I R C Q D E S D E L O S R
J M S R O Z U F U N T L M K E
M U M B M G L O S A C D S I A
F O M L E Ã H D C T Z A I U C
F Q U V R Ç N A G I Y O T W C
Q U E B R A R V X B E R E A A
P A D V I M T I J R J N L R O
H L A O M E X R P Ó J B T I W
V F D A U Y E P X A K S A E Y
L O I D S D I M I N U I R D W
Z Q N O S W V E R I F I C A R
G V U R A V I T I S O P X C E
I U O I M E I D E I A D E V U
C O R D E I R O D E W O X Z I
```

REACCAO
MAÇÃ
VERIFICAR
COMER
UNIDADE
VOADOR
CASO
DIMINUIR
CADEIRA
QUEBRAR

ÓRBITA
IDEIA
POSITIVA
QUOCIENTE
ATLETISMO
SAIR
PRIVADO
CORDEIRO
DESDE-LOS
ASSUMIR

Puzzle 68

```
S Y Y C R G R A V I D A D E P
R O M P E R A R B O C M C Q A
E Ã N H R A H S E M S O D A R
S T R H R R N M I L H Õ E S T
T S I W O A A W A P S M B S I
O E D P C L P O S S O U R C C
W G E Q T C M L I V R O A A I
E I K T M E O U W D D S Ç B P
A D R X W D C N G X A C O K A
M F I M V L A O B U H P F G N
W I C Y A W W M Y G N F N Z T
S X L X L Q L A G S G W S Y E
D N J H E O P J Z E F Q X O G
Q E T N A S S E R E T N I D L
```

RESTO   PARTICIPANTE
VALE   ACOMPANHAR
CORRER   FIM
OSSO   COBRAR
DECLARAR   DIGESTÃO
GRAVIDADE   SONHO
INTERESSANTE   SEM
MILHA   SOL
BRAÇO   MILHÕES
LIVRO   SODA

Puzzle 69

```
N J T R C F Y G R F Z L O E O
R A T I D E R C A T R A C S C
W R M G B T J Z N P O F S P A
K I E O Ç O C S E P R C O O C
P E V E R Z S I R M A A S S A
F D U R Y A K V A D S B D A U
P A N A J S D E M B U B S O A
O M R Z R A P O L A G P K R G
D N A I W W Y R E V L O S E R
E K N L S Q U J P N O S S O
R O I A Q H T D H Z W M T Q D
B D T C A K A A Q V C E R R B
Y F A O N T E M M P T N S E U
L U P L C K P E R Í M E T R O
```

GALOPAR
NUVEM
NAMORADO
ESPOSA
FARINHA
PODER
NOSSO
ARENA
RESOLVER
ACREDITAR

PESCOÇO
LOCALIZAR
PRADO
CACAU
MADEIRA
PATINAR
PERÍMETRO
MADURO
USAR
CARTA

Puzzle 70

```
T R A T A D O C O O G X L T G
B A N D E I R A O Ã R F A Ç A
Q O H L E M R E V N C K R G R
Q D F S A K R F C C H A B M I
D I Z S G G R N H A J E R K L
I A K I H K N E W K B J C G M
M R A T N E S E R P A E M E A
I E Z O K L A D U L T O L I R
N V W S I P Á L G G H C C O D
U O C O O P E R A R Z N O T V
I M B R O I R E T N A A M O G
Ç E H O E E N O C D H R E R W
Ã R F M F W L Q W N J B S A S
O S A A O C I D E N T A L G V
```

GAROTO
COMES
ODIAR
COOPERAR
APRESENTAR
REMOVER
AÇAFRÃO
CABELO
BRANCO
VERMELHO

AMOROSO
TRATADO
ANTERIOR
ADULTO
DIMINUIÇÃO
CONHECER
OCIDENTAL
CARGA
LÁPIS
BANDEIRA

Puzzle 71

```
E  T  L  I  E  T  R  O  C  L  W  M  F  T  O
L  R  I  B  T  N  A  P  T  P  B  A  X  A  T
E  I  N  L  N  A  C  C  R  O  O  N  U  G  U
F  M  G  C  E  D  F  A  P  O  C  E  W  U  N
A  E  U  I  I  M  D  S  I  V  Y  I  Q  R  I
N  S  A  A  R  U  G  I  F  X  Y  R  W  A  M
T  T  G  Z  T  W  X  M  H  P  A  A  L  T  P
E  R  E  V  U  V  M  A  M  R  J  R  R  R  Z
C  E  M  B  N  Z  T  C  M  Q  N  A  D  A  R
L  Ú  D  V  Z  J  Z  M  D  Ú  K  C  X  T  C
K  O  P  I  T  R  X  Q  F  N  S  T  N  F  Y
S  P  Y  U  P  R  N  M  Q  M  C  I  W  F  Z
M  O  T  O  L  U  C  S  Ú  N  I  M  C  D  W
O  C  H  C  I  A  S  E  M  A  N  A  F  A  T
```

ENCAIXAR	CAMISA
FIGURA	LINGUAGEM
MINUTO	COPO
COPA	NADAR
MINÚSCULO	TARTARUGA
TAXA	ELEFANTE
CORTE	MÚSICA
NUTRIENTE	CÚPULA
SEMANA	MANEIRA
TIPO	TRIMESTRE

Puzzle 72

```
P O J Z T K Y F B S Y M M U E
O I A N N P I O H N I Z I V N
R H N U J E R G S P B N N N H
T C T J K R A M R O F R N E A
A N A R O C Y Y E G E P O I S
D L R A N E C A V I D A D E A
S E O T V B P A M F Y U O H C
A X F N X E A F I I G D T A O
J K R E U R R Q P C C D É B Ã
R E Z M S Z E J P C O A M I H
E L E U F A C B X H X N S T C
N E B G D P E J U P Z F H A V
P N U R O O R T A U Q K Z T T
I A P A W Q A C E R T E Z A G
```

MINA
PARECER
CERTEZA
CAVIDADE
FORMAR
DEFESA
PORTA
ACIMA
HABITAT
ELE

CENA
CHÃO
SACO
ANEL
MÉTODO
VIZINHO
JANTAR
ARGUMENTAR
PERCEBER
QUATRO

Puzzle 73

```
B Q W F I M P E D I R E I E B
Y H K N R A G R A D E C E R R
M E T T K E T N E D I S E R P
A R L A B V Q M A R C A D O R
S A N I G Á P U S O B R E E H
T C M T O T X X E C O D D G Y
U N O V I T A G E N Y B F S B
R I W N V K F Z Y F T C É U A
B R I L T G S F B E D E Y I R
A B L A B E A R E C E B E R C
R R D Ç F O Ú I Q T G Q U H O
C D C O H K B D O U A J J H Y
Y Z A G B D P L O L B L P L V
P W T P U F F I N M A A J H I
```

WILDCAT	PRESIDENTE
PÁGINA	SOBRE
RECEBER	CÉU
MASTURBAR	LAÇO
AGRADECER	PUFFIN
DOCE	MARCADOR
NEGATIVO	CONTEÚDO
BRINCAR	TEM
IMPEDIR	BARCO
FREQUENTE	GAIOLA

Puzzle 74

```
Q  S  E  T  Z  D  O  D  I  N  Y  G  O  V  T
I  O  T  S  A  I  V  F  H  I  J  P  N  S  O
L  N  N  U  T  B  W  M  E  C  H  F  A  G  W
Q  O  E  E  X  R  E  M  O  R  W  O  C  X  O
S  U  D  D  G  M  A  L  Q  I  E  Ã  I  A  W
N  A  T  A  O  K  Y  T  A  R  D  C  R  J  X
D  E  S  L  I  Z  A  R  É  E  A  L  E  B  P
M  J  I  B  E  B  F  N  N  G  D  A  M  R  L
K  C  M  P  V  M  S  Y  V  I  I  F  A  A  T
C  U  L  T  U  R  A  P  A  D  A  A  V  N  T
P  W  A  K  C  O  C  E  A  N  O  X  G  R  W
D  E  D  I  C  A  R  Y  P  I  Z  E  O  O  V
P  O  T  E  D  E  S  C  A  R  T  A  R  T  N
M  H  S  B  F  X  J  X  O  B  M  C  P  H  A
```

CULTURA	IDO
TORNAR	POTE
ESTRATÉGIA	OCEANO
VEIO	DESCARTAR
DEDICAR	OFERECER
FALCÃO	DENTE
DIGERIR	AMERICANO
CEM	ADEUS
DESLIZAR	TABELA
IDADE	SONO

Puzzle 75

```
E C U W L O V D P Y P M X A T
X O R E F O U I V Z U O T U E
P R A T R E S N O C N S R T M
E V A N A D U R Ã L I Q O O P
R O Ç A T G O J T J R U P M E
I E Ú T U W W P N S L I E Ó S
M S C R R D X T E G H T R V T
E T A O F M Z F G S M O A E A
N A R P S P D P Z S H B R L D
T Ç C M E O I C O G E N A S E
O Ã U I D Ã S E T N E N O P O
V O O V F I M Á X I M O T J O
M B S Y L V E U Z Y Z G I A I
Q S B E E A L E V A N T A R R
```

TEMPESTADE   ESTAÇÃO
OPONENTE   PODRE
ENTÃO   LEVANTAR
OPERAR   SENTAR
CONSERTAR   IMPORTANTE
PUNIR   MOSQUITO
AVIÃO   EXPERIMENTO
NEGOCIO   MÁXIMO
DESFRUTAR   AÇÚCAR
CORVO   AUTOMÓVEL

Puzzle 76

```
T Y B P E R M A N E C E R T L
Y A N P G F M E V I T A R O B
L A M C Z L Ê H D S M H P M V
Y P Q P G I S A C R L R P A L
H E O D A R D A U Q E U U R B
A U X I L I A R C W H V B E R
S O N H A R E D O M B Z L D I
C O R U J A S M T O L W I N L
V Ã H J K R C S N M O G C E H
O S R N W E A T I G Q M A T A
E I I L I F P Q C M U N C E N
U V O Q E M A W I W E O A R T
A I S Z T S R Z P F A Z O P E
O D V T N U U A O Ç R O F S E
```

BRILHANTE   DOM
PRETENDER   PUBLICACAO
CORUJA   AUXILIAR
ESCAPAR   MÊS
DIVISÃO   QUADRADO
TAMPA   PERMANECER
VERDE   TOMAR
EVITAR   SONHAR
CINTO   ESFORÇO
ARMINHO   BLOQUEAR

Puzzle 77

```
F A P Q C O J B A J Z D X X X
S L V O C Ê C U R Z I R Q D O
D E O M S E M L U A U O S S K
U T N C L M O E T I V L G F Q
O N P D O R H N A F P F Y B H
A A Y J O E G R R A L E V E R
R D A U M V L F E R F V C B C
C U M E N I N O P G I U H L O
O T N E T A P Ã M O L O U O S
Í S W P M G K S E T H C V Q U
R E G D B G I R T R O D E U T
I L O P K H D E G O T I I E E
S E X A R Q H V A J E T R I R
F I N A L I D A D E Q X O O R
```

COUVE-FLOR
FLOCO
SENDO
BULE
VOCÊ
ESTUDANTE
VERSÃO
REVELAR
VERME
ORTOGRAFIA

FILHOTE
MENINO
MESMO
CHUVEIRO
TEMPERATURA
FINALIDADE
ARCO-ÍRIS
ATENTO
BLOQUEIO
AZUL

Puzzle 78

```
C E B O L A F W K V B F Q G Q
P E R M I S S Ã O I I C H I E
P F A V O R I T O O O A E R I
C E B C Y U D T C L L R N R K
N D S P E L K M A Ê O V A I F
E A G S Y Z G É U N G Ã V T K
D D N B O P W D T C I O I A H
I E I O N A V I E I A C O R T
F I P F R E L O L A M A P A U
Í R R A T M X U O J U F Z B R
C A A L I R A R S U A O P G Q
I V T H A K Z L O A J H Q B U
O U O A A V E N T U R A C S I
C O N F I A N T E G T U L Z A
```

MAPA
VIOLÊNCIA
AVENTURA
FALHA
EDIFÍCIO
TURQUIA
PESSOAL
CONFIANTE
VARIEDADE
BIOLOGIA

MÉDIO
NORMAL
PRATO
CAUTELOSO
PERMISSÃO
IRRITAR
CEBOLA
FAVORITO
CARVÃO
NAVIO

Puzzle 79

```
P C D I S C U R S O L O T P U
B O O M E D I C I N A D R A J
A N L N I X D A Y C F X M S R
Q E E Í T C I D A D Ã O J M A
U N D K T E H D D M O V E R R
E E O G V I R C U O T Q K A R
W V M S T O C P J H M K E T U
L Z V K D R B O X L L O T N M
M D O I C Í F E N E B S N O A
A I R O N I M U C O B R A C R
R X L X C S I Q O J I E T N Z
O G S H E G I R Q H C F S G X
N O X A O M F O Y Q F Q E Y T
Z U Q W H V E P F Y Z G D K N
```

COBRA
CONTER
CONTAR
DISCURSO
MOVER
MILHO
MINORIA
VENENO
TOLO
JARDA

BENEFÍCIO
MEDICINA
MODELO
ESTANTE
CIDADÃO
PORQUE
BAQUE
JOELHO
ARRUMAR
POLÍTICO

Puzzle 80

```
S O L T O P C J Q A C R E C P
T E L E F O N E U K O J V R K
J U I Z R O A G A L M P K I B
K O W F E I O H N A B N H A R
J X G D R D D R D R I T A R E
V R G N P U I V O A N I I A C
G A K P I L R E I T A O R T O
G T I Z T E E X M R R D A C M
F N U F E V U A T O T N D É E
I E U I I Í Q M Q P G U N N N
O M B G M N D I R U T G A N D
O U R I Ç O O N X S H E V L A
K A E C U H C A I L Q S A V R
B F I P L A I R M J I Y L M P
```

VIRTUAL   SOLTO
LAVANDARIA   CERCA
SEGUNDO   TELEFONE
AUMENTAR   BANHO
RECOMENDAR   QUANDO
SUPORTAR   OURIÇO
COMBINAR   QUERIDO
CRIAR   NÉCTAR
EXAMINAR   JUIZ
NÍVEL   FINO

Puzzle 81

```
R H U R R I C A N E U N V A C
E S T U A U K R S I G O I U O
D M I S T U R A F F X D S T N
U M E E R I M A B L M A T O T
Z E D O Ã X I A P M O C O R R
I I C T I T D Z A Z D R P I A
R L R E C O X Z A I I E D Z X
H A Q R R T D E X E M M J A E
S V T P O E A C L E Í P P R A
U A V S R M J N S T T E O X G
N G S R A D P A N I L O S A G
I E P W K A X E P D K Y N H H
Y M M Q A P O R R K H J E A O
H E A T I R A R Q D B K T Z Z
```

FLOR
AUTORIZAR
CONTRA
MISTURA
TENSO
VISTO
COMPAIXÃO
REDUZIR
IRROMPER
RIMA

LAVAGEM
ATIRAR
DEZ
MERCADO
HURRICANE
PRETO
GASOLINA
CEREJA
APOR
TÍMIDO

Puzzle 82

```
F  C  O  M  P  R  A  O  R  R  E  T  K  W  P
L  E  Q  V  Z  R  L  C  P  D  D  E  U  J  R
E  U  B  B  H  N  S  A  Q  M  R  N  V  P  E
V  Q  C  R  R  F  A  S  I  Y  I  D  G  N  O
W  E  F  D  E  E  Q  A  S  C  F  E  N  R  C
M  U  M  O  C  O  Z  C  W  Q  I  R  L  V  U
O  Q  Z  X  J  T  K  D  F  W  O  L  R  U  P
B  A  P  I  Z  Q  Y  S  I  G  X  Q  O  X  A
O  T  A  R  T  E  R  E  B  R  X  Q  C  P  R
V  E  U  D  E  S  E  J  O  V  E  M  K  D  V
I  M  S  I  G  R  E  J  A  C  V  I  T  F  R
T  W  A  I  C  N  Ê  G  R  E  M  E  T  Q  B
A  B  R  A  U  N  I  T  N  O  C  Z  N  O  C
R  I  O  S  N  O  W  D  R  O  P  S  J  O  J
```

DESEJO	CONTINUAR
IGREJA	COMPRA
PREOCUPAR	DIREITO
META	ERRO
COMUM	FEBRE
TENDER	CASACO
QUEQUE	SNOWDROPS
ATIVO	POLICIAL
PAUSAR	EMERGÊNCIA
RETRATO	ROCK

Puzzle 83

```
F  S  O  L  I  T  Á  R  I  A  I  G  V  R  E
J  Í  R  U  A  N  L  A  E  L  T  O  L  H  N
M  V  S  X  Y  F  M  B  G  R  N  L  D  P  H
E  E  O  I  G  I  E  R  E  H  L  O  C  S  E
X  S  D  L  C  O  R  E  B  K  D  N  U  W  T
P  A  K  O  T  O  G  V  R  T  O  I  R  Z  N
L  L  N  S  Y  A  U  I  I  N  T  N  V  G  E
O  A  R  T  N  O  L  A  L  R  P  I  S  I  M
R  X  H  B  W  Q  H  T  H  C  B  M  X  D  A
A  F  J  Y  A  D  O  U  A  K  X  E  S  X  R
R  A  R  R  A  M  A  R  R  E  S  F  S  V  U
T  Ó  P  I  C  O  R  A  R  I  P  S  N  I  G
S  E  C  R  E  T  Á  R  I  O  Y  L  N  I  E
V  E  M  C  A  N  E  C  A  D  U  P  X  Y  S
```

MEDO	FEMININO
TÓPICO	SALA
FÍSICO	VEM
SOLITÁRIA	INSPIRAR
BRILHAR	LONTRA
CANECA	EXPLORAR
ESCOLHER	MERGULHO
LEAL	SECRETÁRIO
ABREVIATURA	VOLTA
SEGURAMENTE	AMARRAR

Puzzle 84

```
C  H  I  Z  U  G  N  R  C  A  N  T  A  R  T
A  M  E  N  O  S  Y  C  D  T  H  G  I  A  O
R  Q  C  U  K  Y  T  A  E  W  Y  V  H  S  M
A  V  U  S  S  G  W  O  D  I  P  U  C  N  A
N  E  A  R  A  C  I  T  A  R  P  M  A  E  D
G  P  A  G  R  I  T  E  L  F  E  R  L  P  A
U  L  J  Z  Ã  B  Z  R  G  B  S  P  E  S  L
E  S  O  C  R  O  U  V  U  C  T  S  R  I  V
J  B  G  C  U  Í  J  H  R  O  R  K  T  D  P
O  C  A  R  F  J  G  D  E  L  U  P  A  N  I
L  U  Y  R  F  Z  G  I  S  A  T  O  R  G  N
W  G  D  T  K  G  R  S  D  E  U  N  K  S  O
A  C  O  N  T  E  C  E  R  O  R  T  M  Z  A
D  I  F  E  R  E  N  Ç  A  X  A  O  F  Q  C
```

ALERTA	TOMADA
DISPENSAR	CUPIDO
ACONTECER	FRACO
PRATICAR	COLA
ESTRUTURA	DIFERENÇA
RÍGIDO	CANTAR
PONTO	CARANGUEJO
PINO	REFLETIR
VAGÃO	PERDA
MENOS	ALGURES

Puzzle 85

```
Y P E B E X E R C Í C I O K B
U N X L E V I D Ê N C I A G M
N W C O L E I T E G G C N Q E
H D E C G F X R A T U C E X E
E F T O E N I V H N I A R S W
V U O O Q B A I E H C I A L I
J C K F C O U R I K P F H D U
G R Á F I C O D F X O R N J T
H O U H F I F U R A M R I L P
V V U W V P U R I O D A T S E
Z B N M X Í E N D E R E Ç O T
Y S U B I T A M E N T E D W R
S I T E X S X F E L E I Ç Ã O
B O R B O L E T A X H H B W S
```

TINHA   EXCETO
ENDEREÇO   SORTE
BORBOLETA   RIO
EXERCÍCIO   TÍPICO
FRANGO   BLOCO
ARENA   ELEIÇÃO
LEITE   SITE
ESTADO   CHEIA
EXECUTAR   SUBITAMENTE
EVIDÊNCIA   GRÁFICO

Puzzle 86

```
I  L  T  Y  P  S  Ê  R  T  V  C  W  C  S  L
N  E  R  D  Q  O  Z  P  Z  L  M  M  A  A  M
D  R  A  H  O  L  P  U  P  I  L  A  B  L  O
E  A  B  G  L  E  J  K  I  N  A  D  E  S  S
P  P  A  R  A  T  N  E  M  I  L  A  Ç  A  U
E  I  L  L  W  R  C  I  N  W  P  R  A  P  B
N  C  H  Q  R  A  O  B  Y  J  B  A  Z  E  S
D  I  A  A  J  R  M  D  S  A  K  P  G  S  T
E  T  R  J  U  U  R  I  A  Z  R  F  I  S  I
N  R  A  R  E  L  O  T  F  I  T  M  N  O  T
T  A  H  H  B  L  O  B  I  L  F  T  A  A  U
E  P  P  L  Á  S  T  I  C  O  D  A  L  R  I
O  R  V  A  L  H  O  K  V  U  L  O  Y  M  R
I  N  S  P  E  C  I  O  N  A  R  O  G  C  W
```

ORVALHO	LER
TRABALHAR	SOLETRAR
PARADA	PLÁSTICO
SALSA	AFIADOR
INDEPENDENTE	PARTICIPAR
ARMAR	PUPILA
SUBSTITUIR	PESSOA
CABEÇA	TOLERAR
TRÊS	INSPECIONAR
LADO	ALIMENTAR

Puzzle 87

```
R R A T O N S P J Q P P Z C I
E I A N A L Ô X X C E C V C N
C D C N V D O A D U R E P Á V
M O D I F I C A R E Í S E G E
H L V J P O R I O A O S B U S
C P A I D D T M H G D A S A T
T X V K T P D Ú L E O L O H I
E E R X Z R P M E N H C L N M
D I W W F N O N M D E O D E E
P I P A G L K P S A S O A V N
M W W U C Z S J S R P I D G T
C O N F I A N Ç A E C E O G O
A K I G E O Z G H R D V L W O
A B A C A X I R E R E U Q E R
```

ALÔ	INVESTIMENTO
CLASSE	PERÍODO
NOTAR	AGENDAR
MÚMIA	EXPLODIR
CONFIANÇA	REQUERER
VENHA	DESPORTIVO
PELE	MODIFICAR
PERU	ÁGUA
ABACAXI	SOLDADO
MELHOR	PIPA

Puzzle 88

```
O J T N N F C Q A C A M F U N
C O R P O T I T T R M A W G I
Q C J Z L O X U N D T A I B V
E S C R I T O R E I T I I Q S
P E X U O R T J M S R W S S W
M N D R T J G G I C E V A T A
X Q I Ú C Y W Q P U M I R F A
J U N T A R E O N S E S T O A
E I O R A S S Á P S N Í I N O
X F H P S W C A U Ã D V G T P
L O N G O C O X K O O E O E M
X O I I O P L A R U M L G V C
Y N V X P S A K F F B F O E N
H O E X P E D I Ç Ã O I C A M
```

MACA	SAÚDE
MAIS	ESCRITOR
ESCOLA	ARTIGO
PÁSSARO	FONTE
DISCUSSÃO	PIMENTA
LONGO	JUNTAR
TROUXE	TREMENDO
VISÍVEL	EXPEDIÇÃO
VINHO	ARTISTA
CORPO	MURAL

Puzzle 89

```
W I O T C I D E R E V U D T L
H R E V L O V N E S E D E R L
S A R O A Ã M D E V E R S O B
E L G M N Ç T U Z F L X G N T
M U E A O I J C N F A G A C L
E C L G I S U N T I I W S O T
L L A R S O P Z E P D I T A Y
H A M O S P X E H O N A E X C
A C A H I U I V R D U A D M V
N L R G F S A T T F M O G E O
T L G T O A N U A L E X U X Z
E T O K R F A L T A R I R R V
Q A R O P E N E R G I A T V O
G S P D N C V S Q A R B T O K
```

MUNDIAL
OURO
PERFEITO
COMUNIDADE
TRONCO
PROGRAMA
PROFISSIONAL
ANUAL
MAGRO
VEREDICTO

ENERGIA
FALTAR
DESGASTE
VOZ
DESENVOLVER
ALEGRE
SEMELHANTE
DEVER
CALCULAR
SUPOSIÇÃO

Puzzle 90

```
G  S  B  O  Ã  M  R  I  T  P  V  J  R  V  Y
I  L  U  S  T  R  A  R  K  P  K  P  E  A  X
H  N  I  E  R  I  N  U  W  O  R  W  P  M  P
B  O  B  R  E  U  P  X  S  D  B  M  A  P  A
Y  Q  T  P  S  S  S  R  E  Z  C  X  R  I  L
G  X  W  R  E  S  E  R  T  S  E  M  A  R  A
V  E  B  U  R  O  G  A  M  W  A  E  C  O  V
I  V  L  S  V  P  U  B  K  Z  E  N  A  Ç  R
O  B  T  E  A  O  R  T  A  E  T  T  O  I  A
L  V  A  Z  I  J  A  K  R  Q  M  R  L  V  R
E  A  Y  Í  Q  A  N  V  R  I  D  A  E  R  L
T  Z  E  Q  A  I  Ç  I  E  L  W  D  V  E  Y
A  S  P  O  Ã  B  A  S  S  V  P  A  A  S  S
B  T  P  A  T  I  N  A  G  E  M  W  R  I  E
```

BAÍA	LEVAR
PALAVRA	SERVIÇO
SEGURANÇA	GELEIA
IRMÃO	ENTRADA
SERRA	ILUSTRAR
SABÃO	VIOLETA
MESTRE	REPARACAO
RESERVA	VAMPIRO
TEATRO	PATINAGEM
POSSUIR	SURPRESO

Puzzle 91

```
A D M I N I S T R A C A O F C
T O A L H A C O L A P S O A E
H S I P D R P L A C A V C N I
V O F P L R E C U R S O S T A
P I A C A U B E I J O J E A H
K G R A M N C C L Q T U R S N
N I G O P S E S P U U A F M M
V L O W P D H L E D S E D A P
M E T B P O W J A D S R Z S D
J R R Z A T S X I M N B K Z M
M H O Y T T Y T M C F O A Z M
P R I M Á R I O O U U P V I M
P H A U U A B U N D Â N C I A
K G T P A X S Z A L E G R E H
```

ABUNDÂNCIA
ALEGRE
DESCULPA
POBRE
ADMINISTRACAO
PRIMÁRIO
ORTOGRAFIA
BEIJO
RECURSO
MAR

OPOSTO
COLAPSO
DESDE
RELIGIOSO
FANTASMA
FRESCO
PLACA
TOALHA
PANELA
CEIA

Puzzle 92

```
G D C A R E X C N S Q P R A C
I I O U E S Z F H O J T S M O
N S M T P P F K L A I G Q I C
T C P O R E I D T L V T R G K
E U O M E C O U T R O E E Á T
R T R Á S I Ã S E E O R E V A
E I T T E Ç E S C D Z U E I
S R A I N L A G P E N T E L L
S J R C T I R U C D I Y E H M
E X B O A S O R T E U T M A B
N M U T R T C A C B L G R C E
O B M I R A C R R O C D G B O
K L C G O T A G Z Q N U I W H
E M O R I E C N A N I F F H I
```

AVE
AMIGÁVEL
SEGURAR
REPRESENTAR
COCKTAIL
NOITE
INTERESSE
OUTRO
ESPECIALISTA
DISCUTIR

GOTA
COMPORTAR
FINANCEIRO
INCLUINDO
OBEDECER
AUTOMÁTICO
PENTE
CORAÇÃO
CHAVE
CARIMBO

Puzzle 93

```
A N C J G V O Q A I J S Y E U
O O T A R A B J N Q X O G A X
D I C G Ç P A F U U F R A M Q
N K M K P A Z I Y E F R E W O
R O D A U T U L F R W I Y Q X
J D P T I N R M U Z C A K N V
R E K C Q R O E V U A L A V S
K D U H D T É T O T N U S S A
C O V A R D E T A N D N L M Z
C I C L I S M O A B I A O E W
P A P A G A I O B M D S B D O
P R O V O C A C A O A C O I M
D I F E R E N T E E T E Q D R
Q U E B R A D O Q F O R M A I
```

QUEBRADO
FLUTUADOR
QUER
NASCER
MEDIDA
COVARDE
PAPAGAIO
PROVOCACAO
CICLISMO
SORRIA

CAÇA
CANDIDATO
BARATO
MATÉRIA
DIFERENTE
NOTA
FILME
LOBO
ASSUNTO
DEDO

Puzzle 94

```
E N T R E V I S T A H U X H Á
C M V G F P U U Y A Y D F T R
T O T E F A C F F L X M X V V
R Í M W R M H O A M A H Y P O
Z P T B A V R I E B X Y G R R
C A M U I P A R C E I R O A E
A R E I L N M N F R A T U R A
M T E Q S O A S E M R Q J U S
P Í F C V W H Ç P I L O T O E
A C C P P D C O Ã T Y O H T R
N U R A R B M E L O U Q C S P
H L R E P E N T E H J D E E M
A A M O I D I X Y E O O Z F E
E X E C U T I V O K Q J J N W
```

MESA	TÍTULO
OLHO	ENTREVISTA
ESTOURAR	LEMBRAR
PARTÍCULA	COMBINAÇÃO
PARCEIRO	IDIOMA
FOI	AFETO
FRATURA	EMPRESA
CHAMAR	CAMPANHA
ÁRVORE	PILOTO
EXECUTIVO	REPENTE

Puzzle 95

```
A I E C C W E L B E R G F P T
Q U J R T O N T H M O D H E A
U É P A H C V N R P D E V E L
I M I H T I O Z J A A B P H E
W E A N P T L C S B R C O R N
T N O E D P V H Y E R M E U T
E O R S G Í E A R T A G B M O
R R A E C L R A R N N A R T U
C E W D U E A R I E D A D A N
H H L A D I A R T L F Q M B I
E Q T Ó V K T A S E F Q W O E
G F J I G Á R T I C O I Z A V
A M E T S I S G X X F U O Q S
R Z C O Z A O T E E H N Q G O
```

EXISTIR   ENVOLVER
DESENHAR   ÁRTICO
NARRADOR   VAZIO
SISTEMA   AQUI
ELÍPTICO   TALENTO
CHEGAR   ARTE
CHAPÉU   EXCELENTE
CEIA   ADIAR
RELÓGIO   NADADEIRA
MENOR   DEVE

Puzzle 96

```
A G R O S E L H A L K J B A F
V R C C R U Q V C N O D E C J
A A F O X J R S A P Q Q B A R
L G O F R H A L V I R V E M B
I H X V S S X R A H N P R P P
A T E C N O L O G I A C A A R
R N Q P D U C V W J V A T M I
S U S T E N T A R X D B N E M
V A U R Y C K J U F A I I N A
D C Ç B G M E N E P M N P T V
O O Z L R T A M A R A A C O E
R B B C A A N J O B Q R L X R
F R E L I C Í F I D O L A G A
K E T A X A M I S T U R A R Y
```

FOCO
COBRE
ACAMPAMENTO
AVALIAR
BEBER
TECNOLOGIA
PARA
GROSELHA
CABINA
DOR

SUSTENTAR
CEDO
CALÇAS
PRIMAVERA
AMAR
ANJO
VIR
PINTAR
DIFÍCIL
MISTURAR

Puzzle 97

```
N R H M Y B M K L L A U G I S
X S M O J I E Y B Z Á T P Z U
D O P M A C I S Z A C B M W P
K R H X B A A D I R E F I J R
E G V N J G S I G O N P H O I
L U E I I T M I M F A U Y B M
M L X H T O C I T Í R C Y R E
O H E O L A M H Á B I T O E N
R O M T G U M J U R E Z R V T
N S P C R M K I A F E T A R O
O O L W A H N I N O D I C H S
F D O A S N K M E A F R S J N
C S Y L E V Á Z I L I T U E R
D Y M O P E D A D I L I B A H
```

SUPRIMENTOS
REUTILIZÁVEL
FORA
MOINHO
CRÍTICO
MORNO
IGUAL
FERIDA
VITAMINA
VERBO

HÁBITO
ORGULHOSO
MEIAS
LÁBIO
AFETAR
HABILIDADE
CAMPO
BUSCAR
EXEMPLO
DONINHA

Puzzle 98

```
C T O R I E M R E F N E V O W
A C M J T M V T B S U E C O U
L D T M T B G A N H A R E D K
C P I D U L A I C E P S E A J
U W R O K E U O O C D C L D O
L B E C T M M D V T X N A I H
A G M T O A T A T A B S T H E
D W E S Y N M A J E R G I Z W
O Y T R J O C R O I R E P U S
R X O X I B A H O T N A S I Z
A I M O N O C E A F F R O H S
O Q I A P A R Ê N C I A H S V
Q B I X B R O G C R I A N Ç A
E S P O S O Y V P C H D W S X
```

HOSPITAL
GANHAR
IGREJA
ESPOSO
SUPERIOR
TEMER
SUECO
SANTO
ESPECIAL
CALCULADORA

ECONOMIA
EMBLEMA
BATATA
ENFERMEIRO
FORMATO
CONCHA
APARÊNCIA
CRIANÇA
DADO
RITMO

Puzzle 99

```
I  S  O  K  C  D  I  S  T  A  N  T  E  D  L
N  A  B  V  O  F  O  F  P  O  P  U  L  A  R
D  P  X  V  D  I  D  V  Y  U  T  N  V  D  A
E  A  W  R  O  G  E  C  R  O  M  J  J  A  R
P  T  M  C  R  A  D  N  U  F  A  P  R  P  U
E  O  P  R  N  E  T  R  O  F  F  E  I  S  G
N  F  K  G  I  A  M  R  M  F  O  D  U  E  E
D  P  E  O  Z  U  R  C  E  D  R  R  B  M  S
Ê  B  L  O  U  C  O  I  P  B  B  A  I  Y  S
N  R  L  P  J  B  O  S  W  F  O  O  R  L  A
C  A  Q  F  M  U  M  G  V  K  Q  C  T  V  V
I  V  R  Q  M  E  C  Â  N  I  C  O  S  J  F
A  O  P  M  E  T  A  S  S  A  P  O  I  E  Y
S  E  F  B  U  L  D  L  H  E  E  B  D  V  D
```

FOFO
POPULAR
LOUCO
DESCOBERTA
SAPATO
MECÂNICO
BRAVO
MORCEGO
INDEPENDÊNCIA
DISTRIBUIR

FORTE
CODORNIZ
DISTANTE
LHE
PEDRA
PASSATEMPO
AFUNDAR
CRUZ
ESPADA
ASSEGURAR

Puzzle 100

```
D A R U G I F A Y A X G E Y D
Y O B A D B H R G I Ç O X G E
J X L U J X B A H E C O P X S
A I E O N Y K N A D F T E Y T
J A S T R D D H S L D O R A R
C B B I E O A A R A H H I G U
Y P P E B Y S N M J P N M R I
F C H F A V Z A T O O A E E R
Y Q M L S H S T M E Ã F N S W
C I C L O Z N U O E I A T S G
O P I N I Ã O D C S N G A I A
S E C O Q L Y N P D U T L V M
T R A T A R F O S C E Y E O M
S D L R O T I C S K R Z V T M
```

CONDUTA
SABER
EXPERIMENTAL
FIGURA
DESTRUIR
CICLO
ALDEIA
DOLOROSAMENTE
AGRESSIVO
OPINIÃO

REUNIÃO
COM
AÇO
GAFANHOTO
BAIXO
ABUNDANTE
TRATAR
SECO
FEITO
ARANHA

Puzzle 1

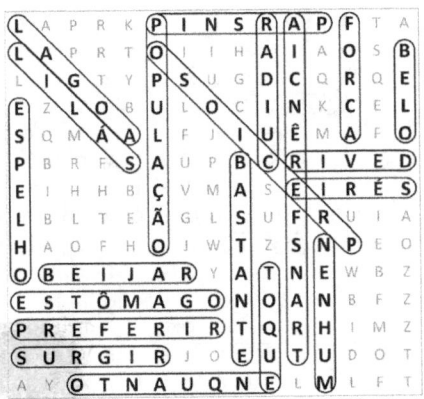

Puzzle 2

Puzzle 3

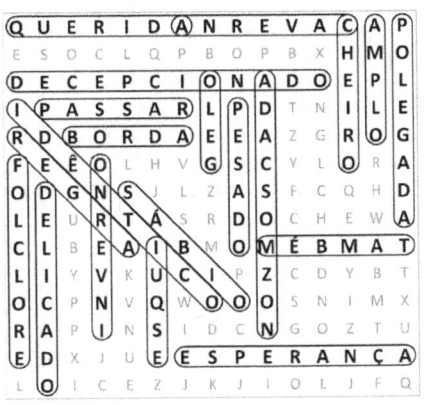

Puzzle 4

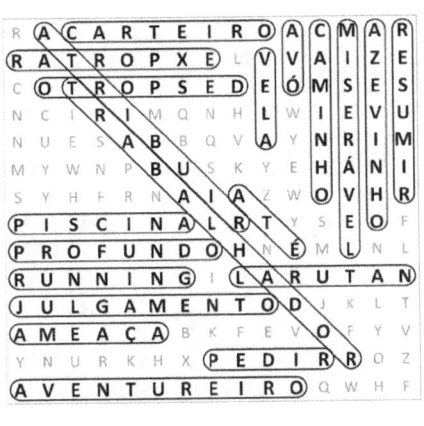

Puzzle 5

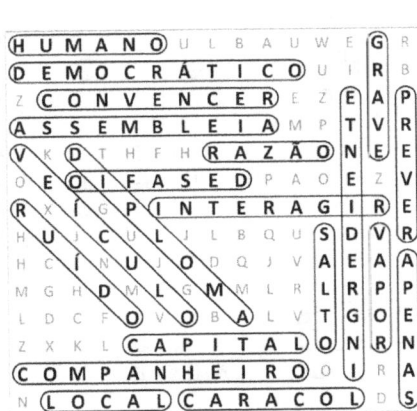

Puzzle 6

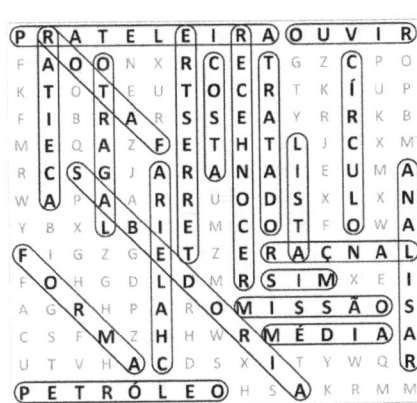

Puzzle 7

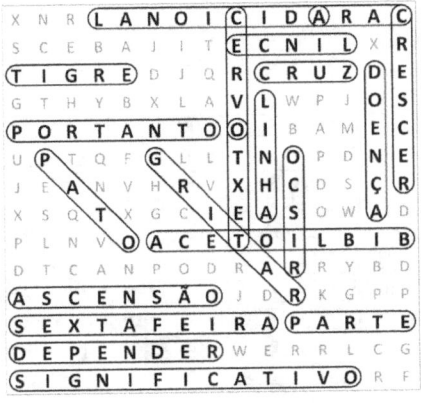

Puzzle 8

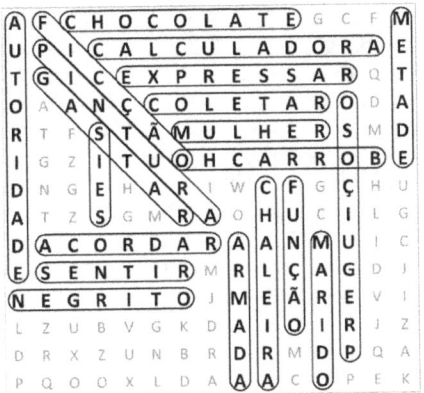

Puzzle 9

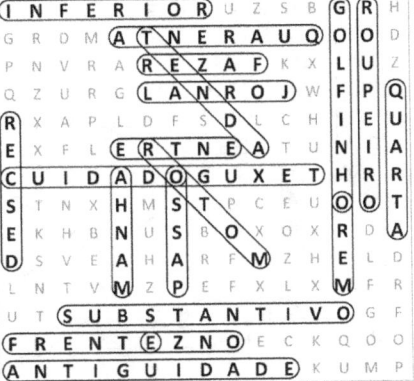

Puzzle 10

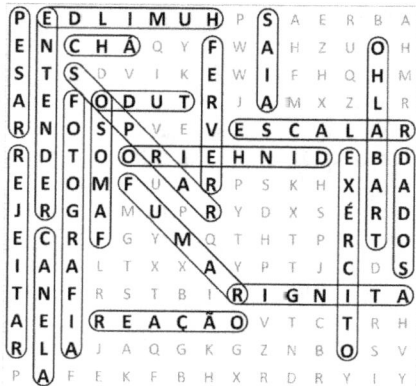

Puzzle 11

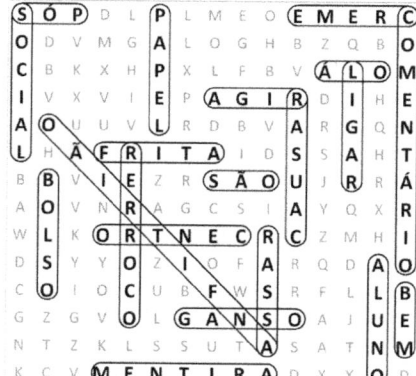

Puzzle 12

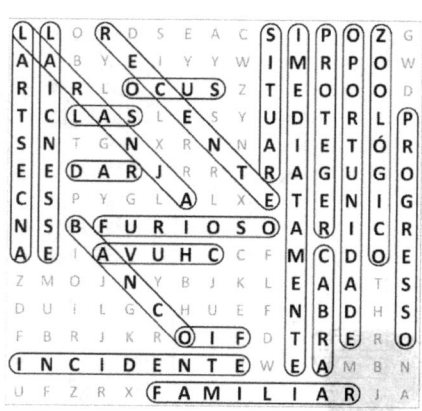

Puzzle 13

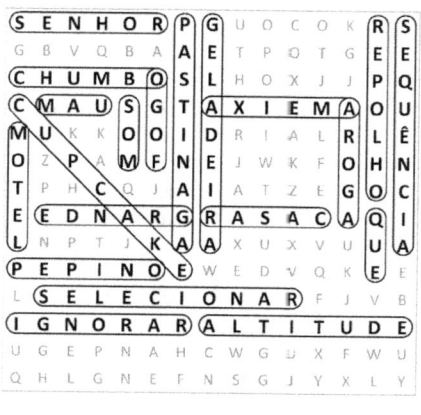

Puzzle 14

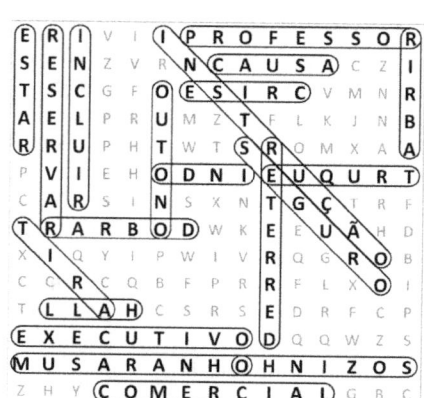

Puzzle 15

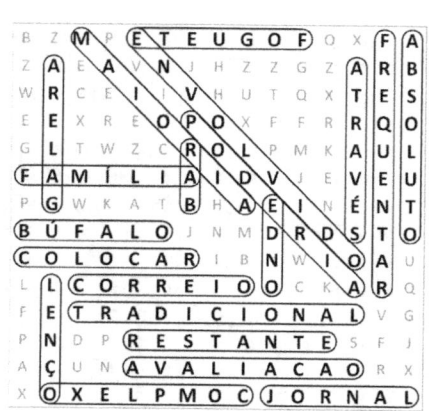

Puzzle 16

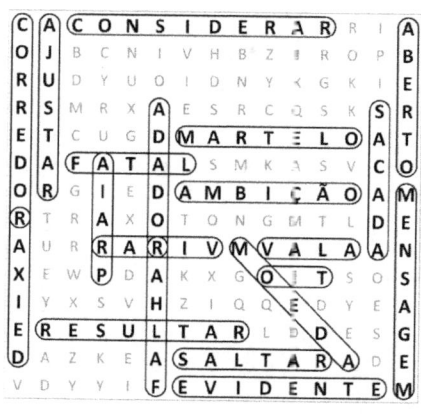

Puzzle 17

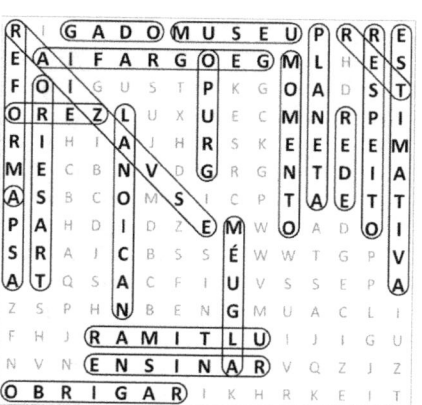

Puzzle 18

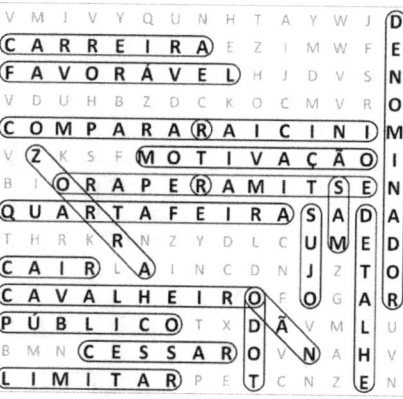

Puzzle 19

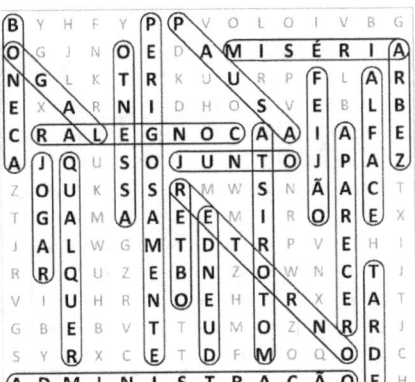

Puzzle 20

Puzzle 21

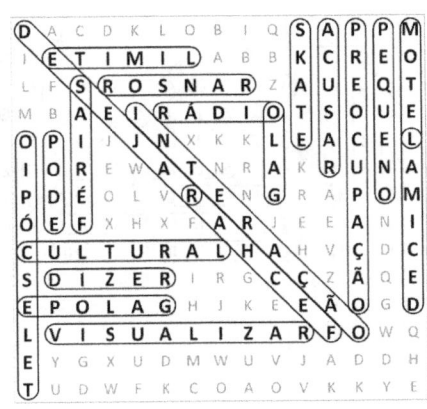

Puzzle 22

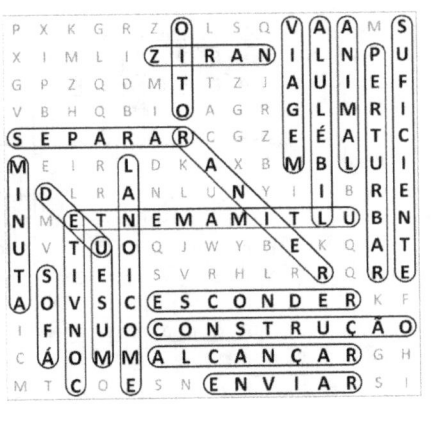

Puzzle 23

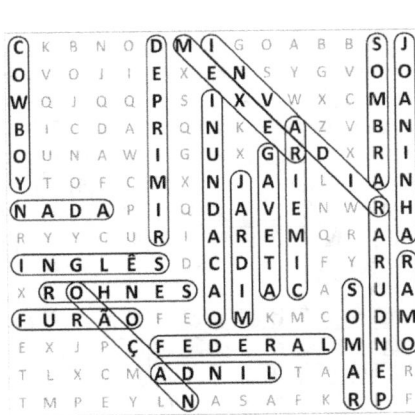

Puzzle 24

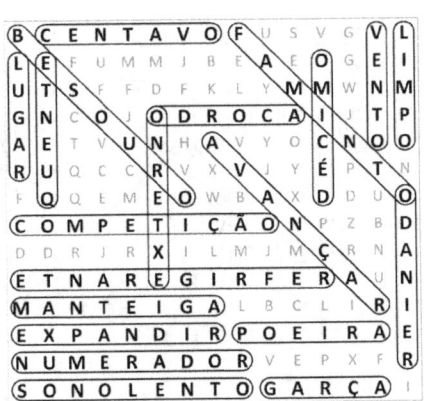

Puzzle 25

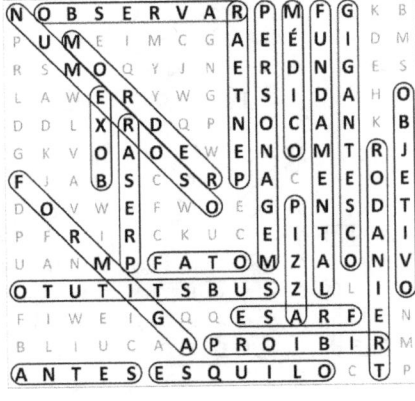

Puzzle 26

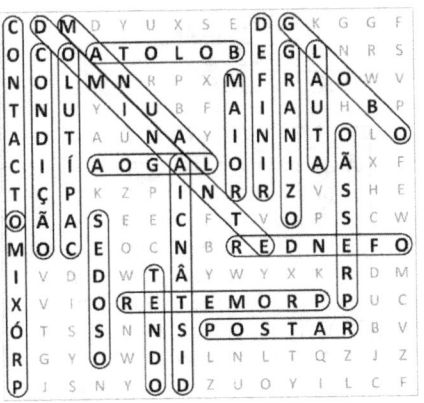

Puzzle 27

Puzzle 28

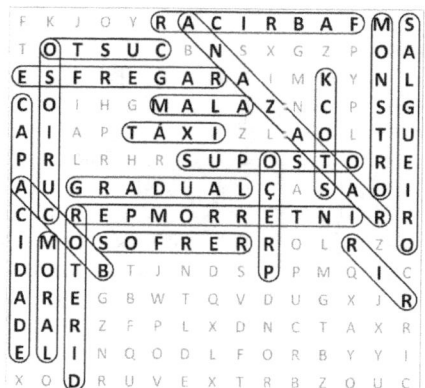

Puzzle 29

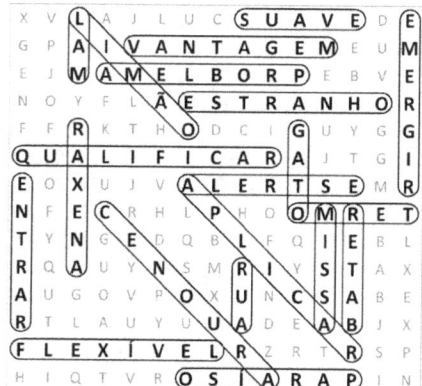

Puzzle 30

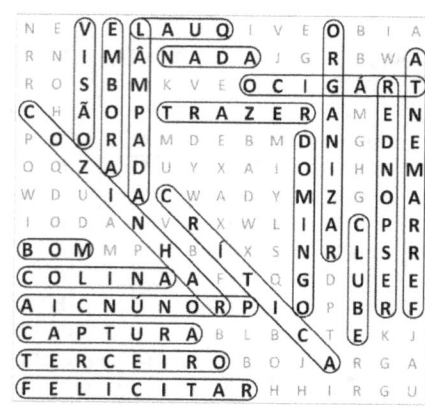

Puzzle 31

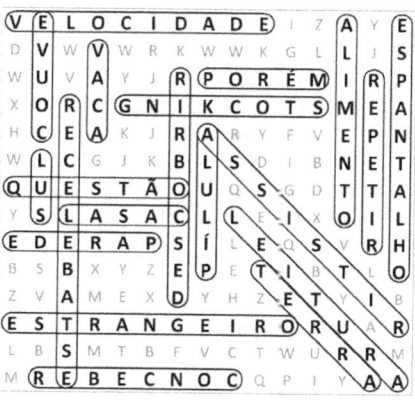

Puzzle 32

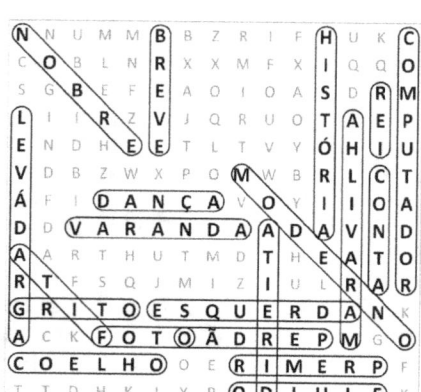

Puzzle 33

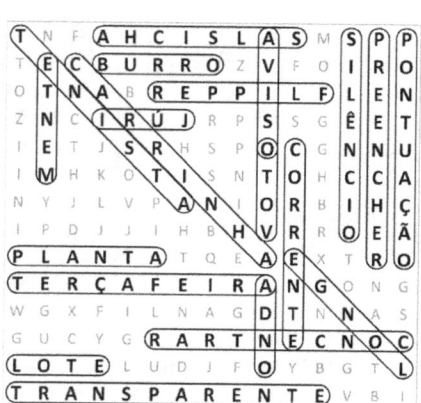

Puzzle 34

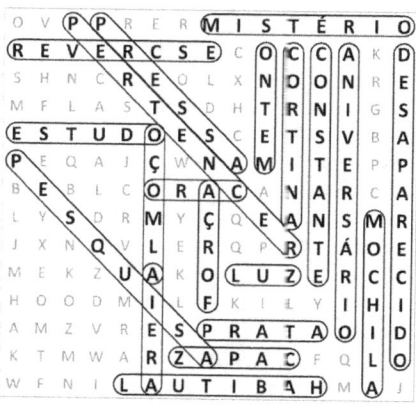

Puzzle 35

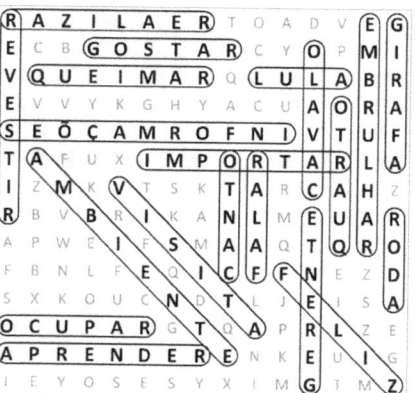

Puzzle 36

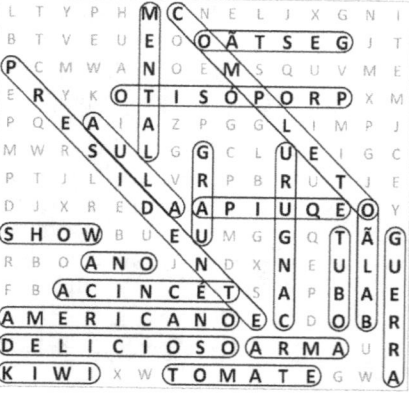

Puzzle 37

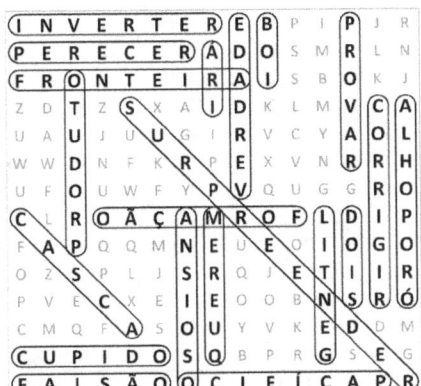

Puzzle 38

Puzzle 39

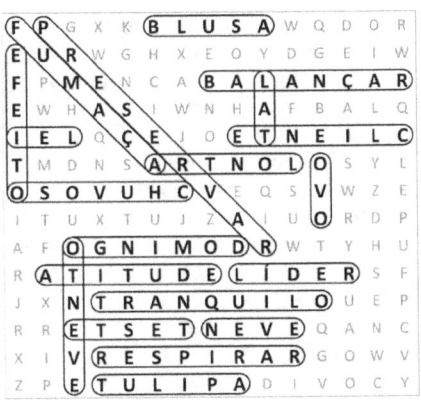

Puzzle 40

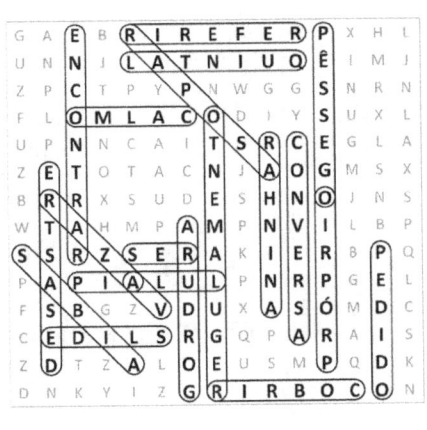

Puzzle 41

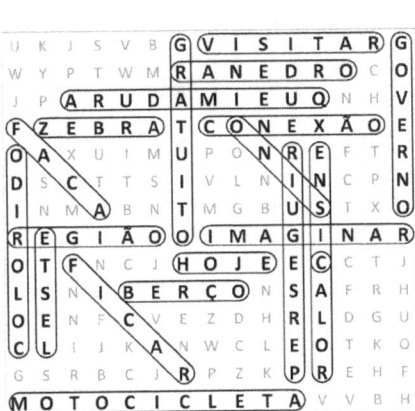

Puzzle 42

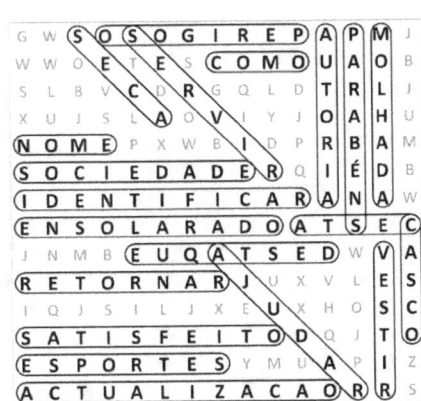

Puzzle 43

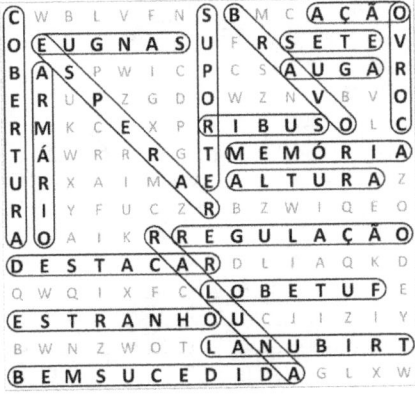

Puzzle 44

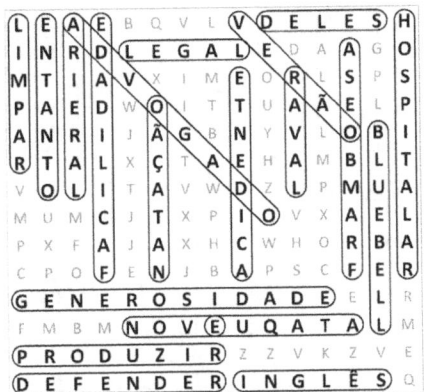

Puzzle 45

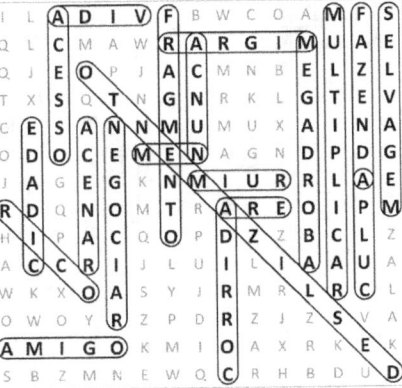

Puzzle 46

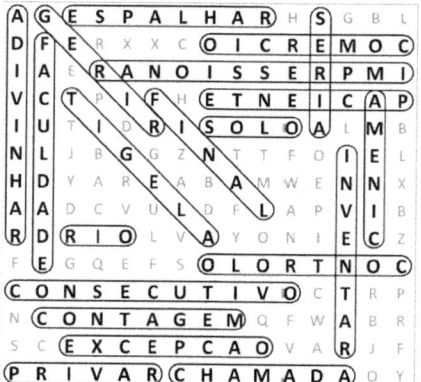

Puzzle 47

Puzzle 48

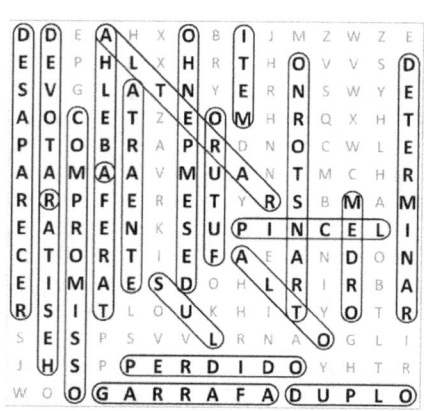

Puzzle 49

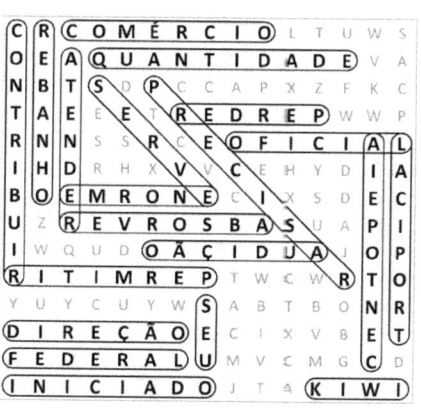

Puzzle 50

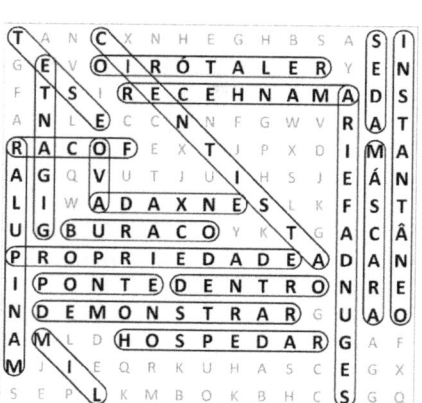

Puzzle 51

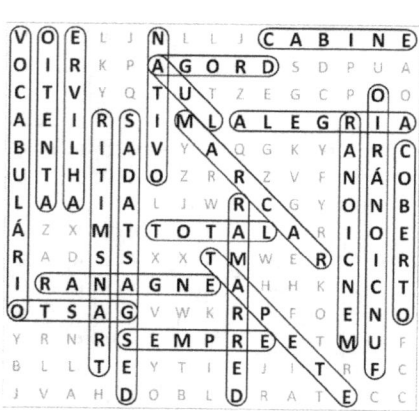

Puzzle 52

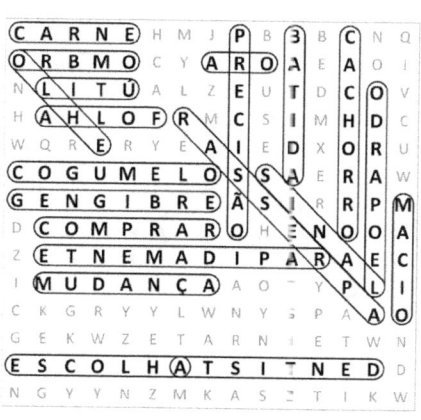

Puzzle 53

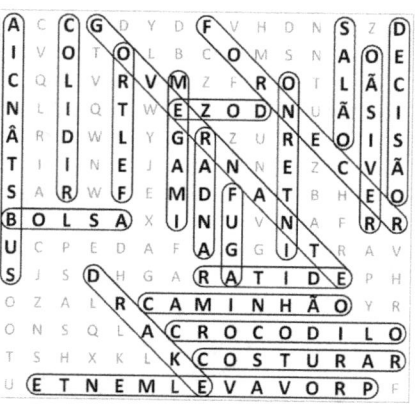

Puzzle 54

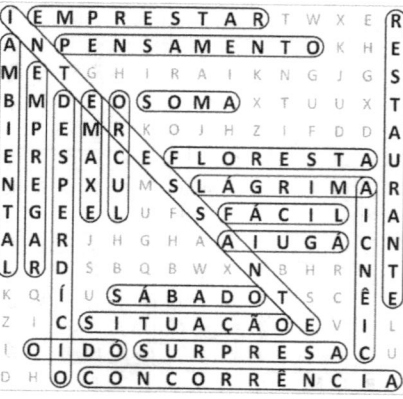

Puzzle 55

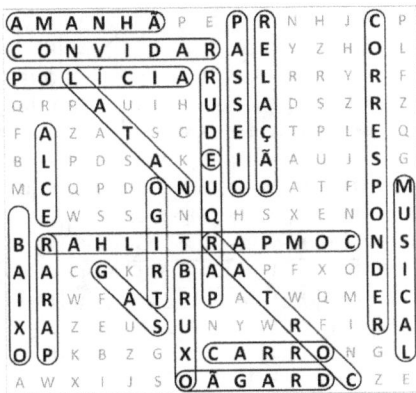

Puzzle 56

Puzzle 57

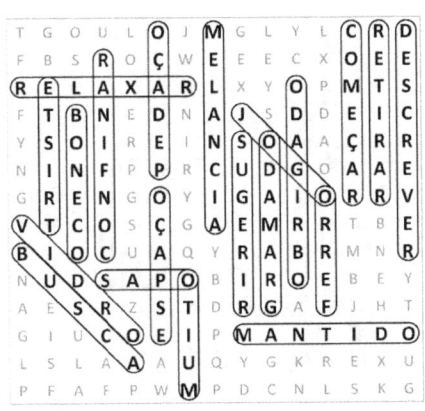

Puzzle 58

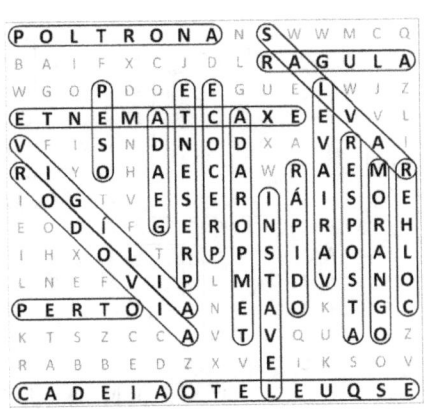

Puzzle 59

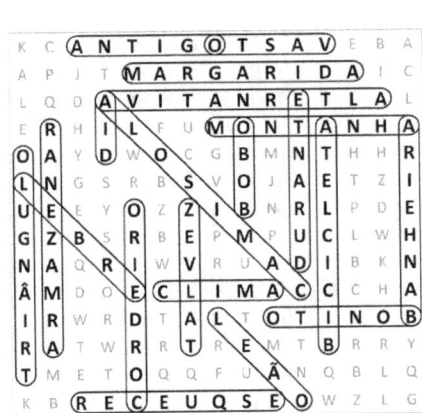

Puzzle 60

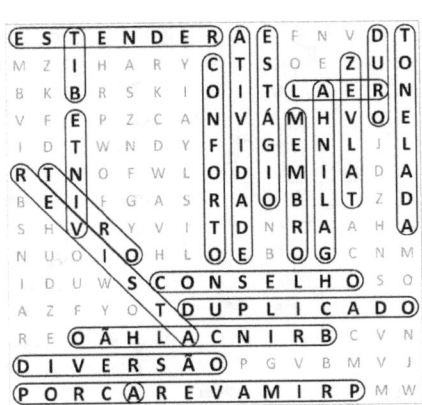

Puzzle 61

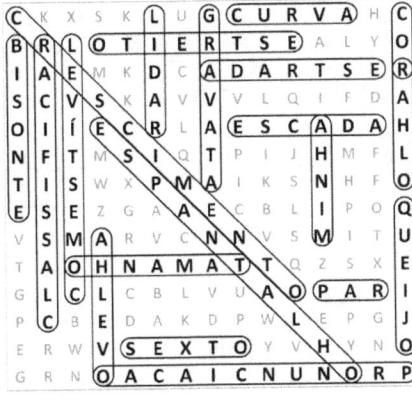

Puzzle 62

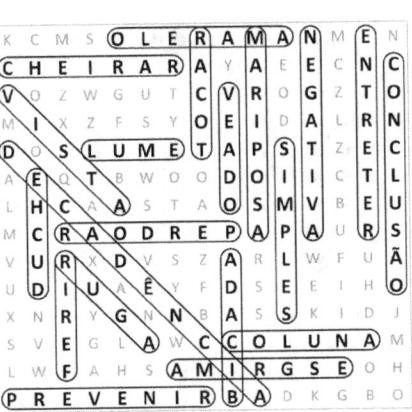

Puzzle 63

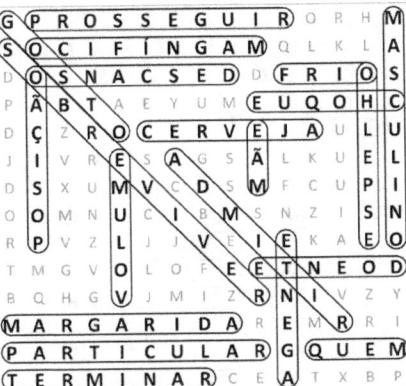

Puzzle 64

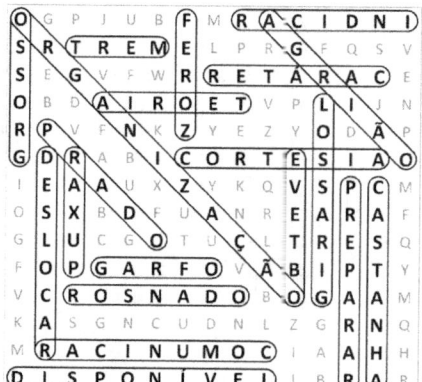

Puzzle 65

Puzzle 66

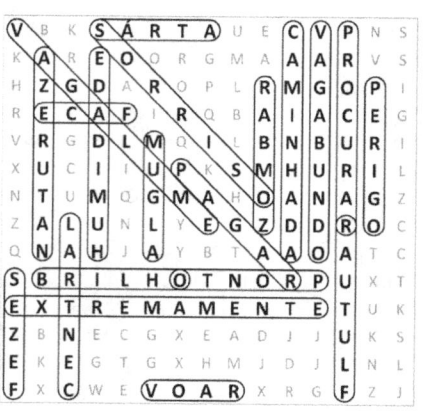

Puzzle 67

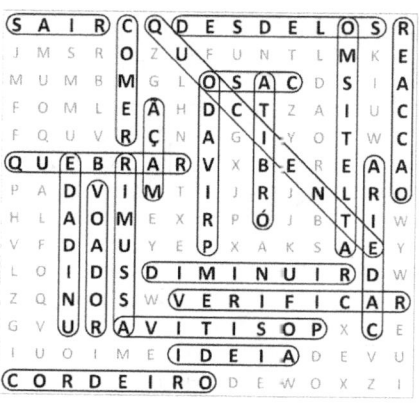

Puzzle 68

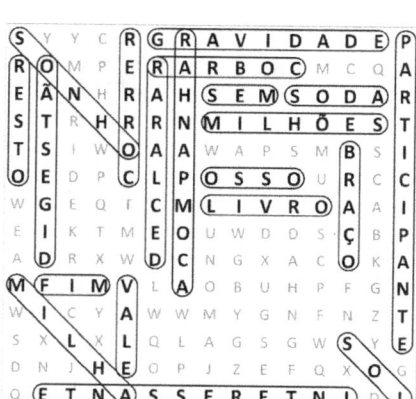

Puzzle 69

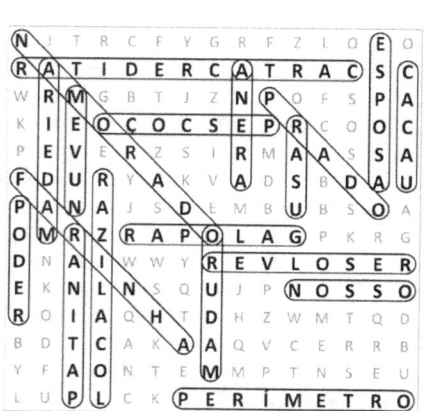

Puzzle 70

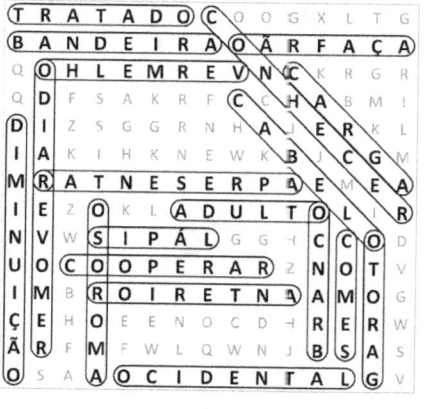

Puzzle 71

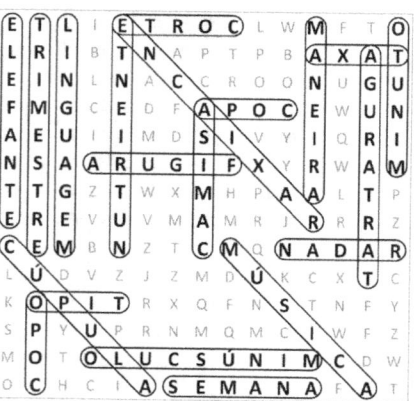

Puzzle 72

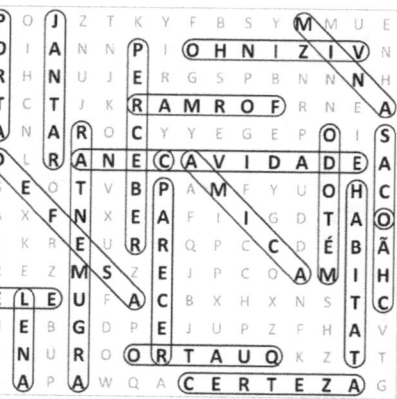

Puzzle 73

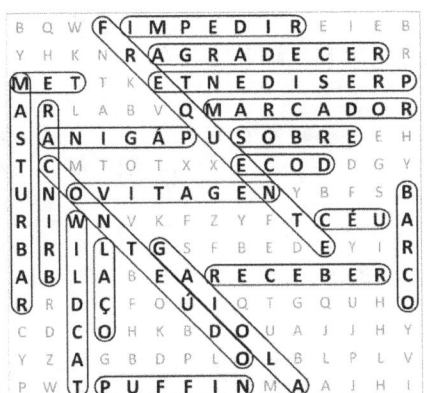

Puzzle 74

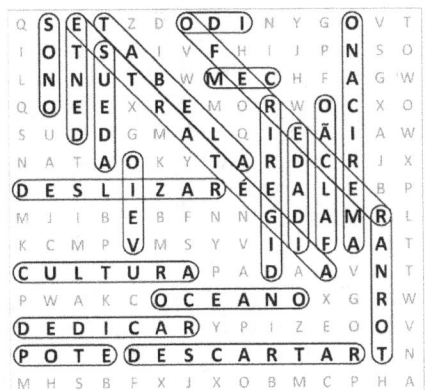

Puzzle 75

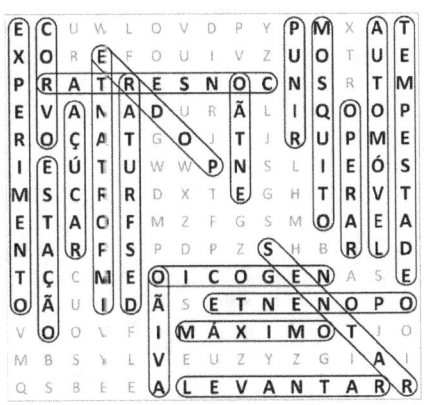

Puzzle 76

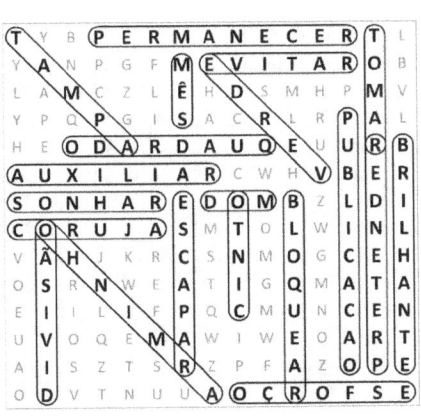

Puzzle 77

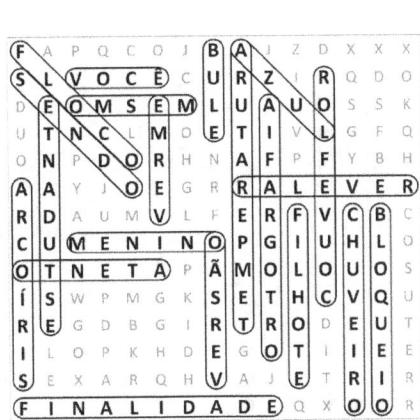

Puzzle 78

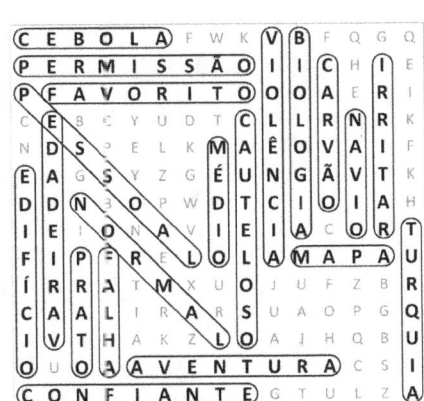

Puzzle 79

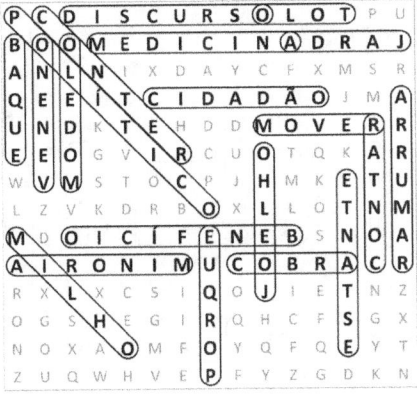

Puzzle 80

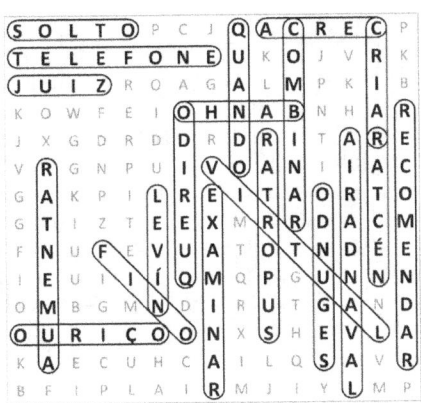

Puzzle 81

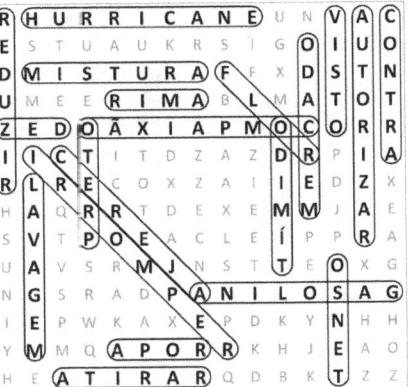

Puzzle 82

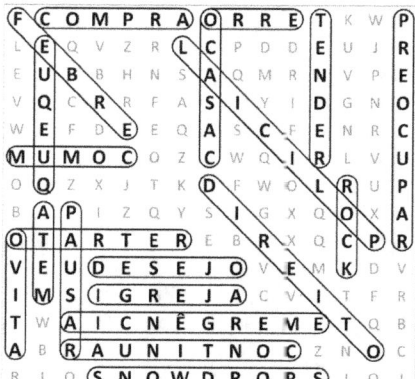

Puzzle 83

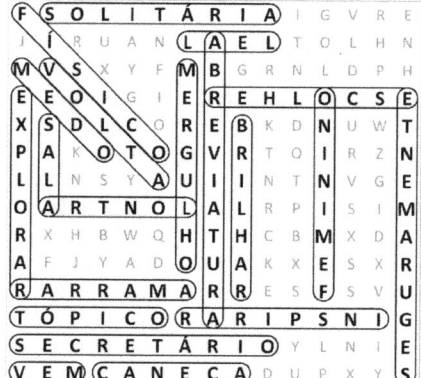

Puzzle 84

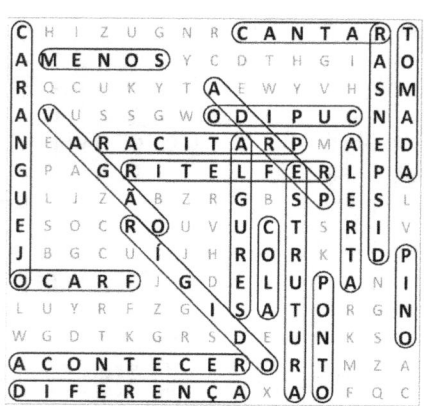

Puzzle 85

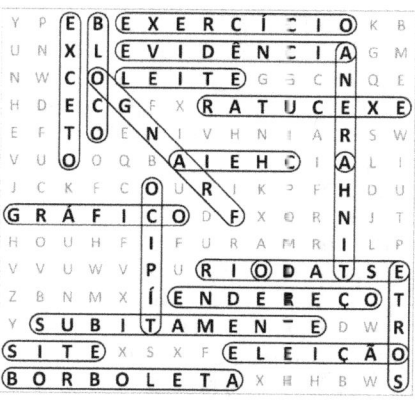

Puzzle 86

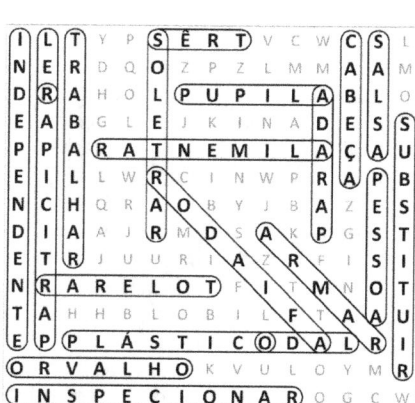

Puzzle 87

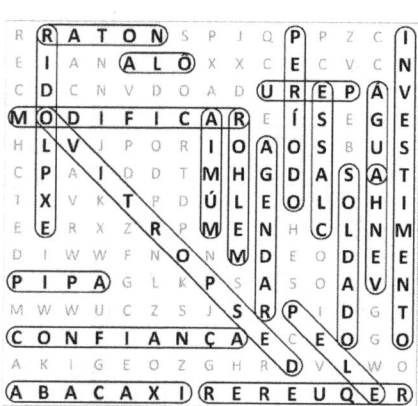

Puzzle 88

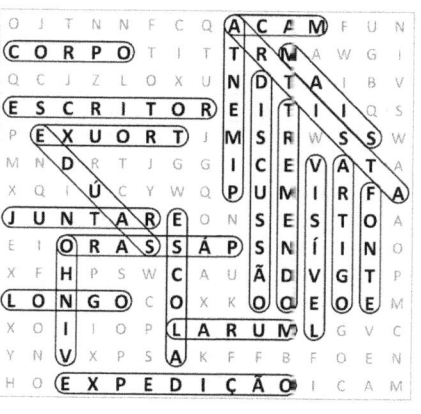

Puzzle 89

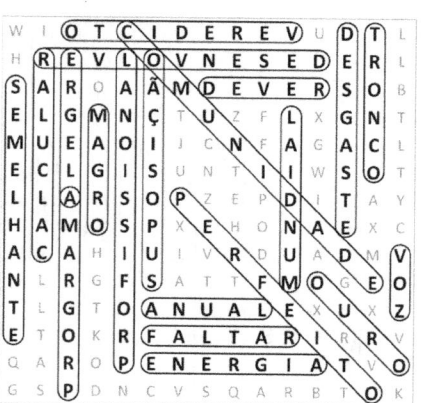

Puzzle 90

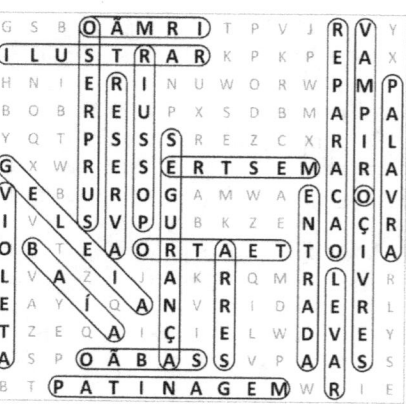

Puzzle 91

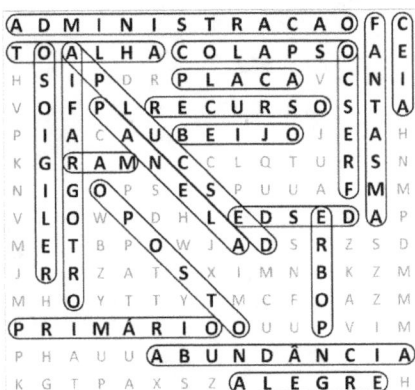

Puzzle 92

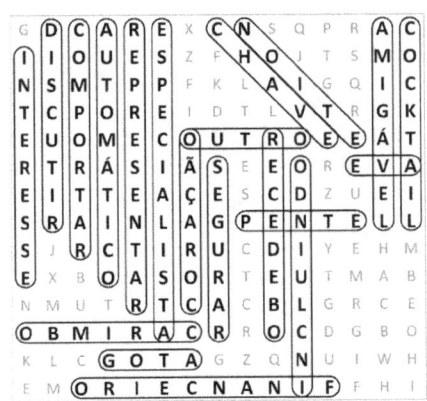

Puzzle 93

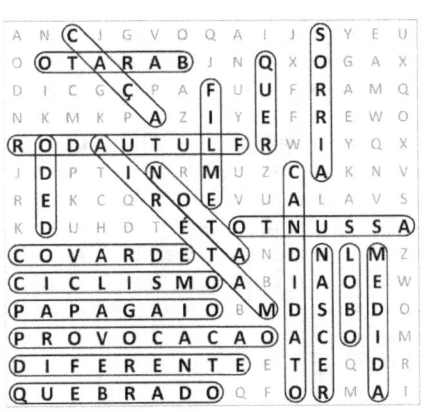

Puzzle 94

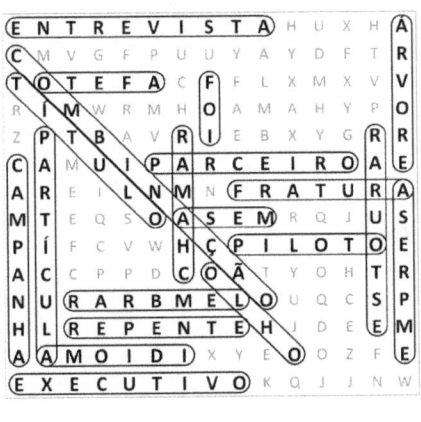

Puzzle 95

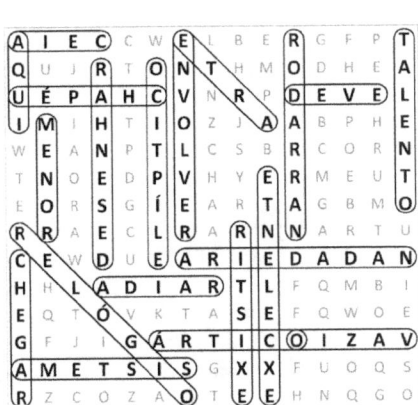

Puzzle 96

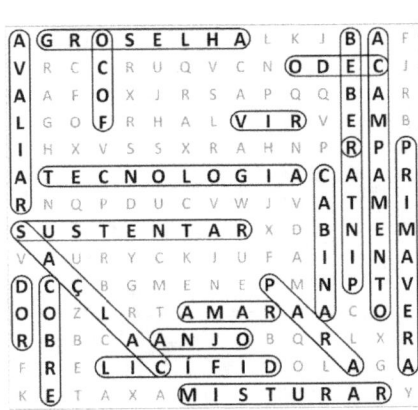

Puzzle 97

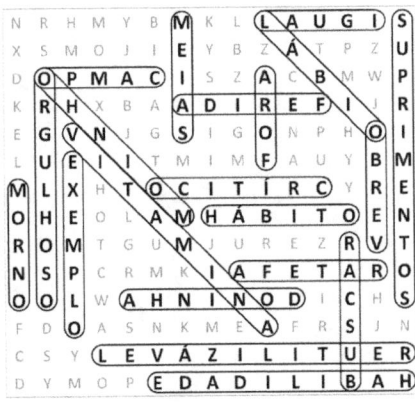

Puzzle 98

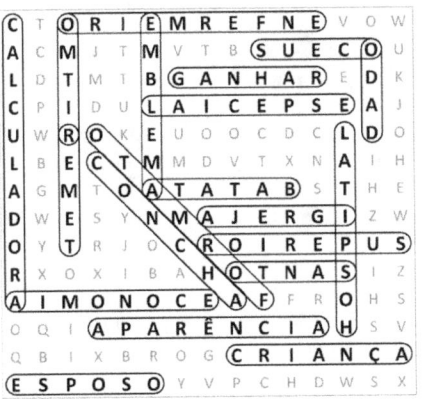

Puzzle 99

Puzzle 100

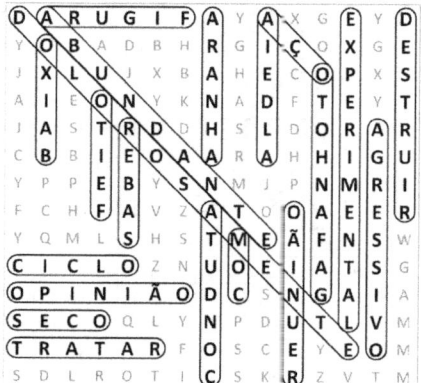

Congratulations

You made it!

We hope you enjoyed this book as much as we enjoyed making it. We do our best to make high quality games.

These puzzles are designed in a clever way to actively spark the brain and make it sharp and quick!
Did you love them?

A Simple Request

Our books exist thanks to the reviews you post on Amazon. Could you help us by leaving a review now?

Here is a short link which will take you to your Amazon orders review page.

BestBooksActivity.com/Review50

MONSTER CHALLENGE!

Challenge #1

Ready for Your Bonus Game? We use them all the time but they are not so easy to find. Here are **Synonyms**!

Note 5 words you discovered in each of the Puzzles noted below (#21, #36, #76) and try to find 2 synonyms for each word.

Note 5 Words from *Puzzle 21*

Words	Synonym 1	Synonym 2

Note 5 Words from *Puzzle 36*

Words	Synonym 1	Synonym 2

Note 5 Words from *Puzzle 76*

Words	Synonym 1	Synonym 2

Challenge #2

Now that you are warmed-up, note 5 words you discovered in each Puzzle
noted below (#9, #17, #25) and try to find 2 antonyms for each word.
How many lines can you do in 20 minutes?

Note 5 Words from **Puzzle 9**

Words	Antonym 1	Antonym 2

Note 5 Words from **Puzzle 17**

Words	Antonym 1	Antonym 2

Note 5 Words from **Puzzle 25**

Words	Antonym 1	Antonym 2

Challenge #3

Wonderful, this monster challenge is nothing to you!

Ready for the last one? Choose your 10 favorite words discovered in any of the Puzzles and note them below.

1.	6.
2.	7.
3.	8.
4.	9.
5.	10.

Now, using these words and within a maximum of six sentences, your challenge is to compose a text about a person, animal or place that you love!

Tip: You can use the last blank page of this book as a draft!

Your Writing:

Explore a Unique Store
Set Up **FOR YOU!**

MEGA DEALS

BestActivityBooks.com/**TheStore**

Designed for **Entertainment**!

Light Up Your Brain With Unique **Gift Ideas**.

Access **Surprising** And **Essential Supplies!**

CHECK OUT OUR MONTHLY SELECTION NOW!

- Expertly Crafted Products -

NOTEBOOK:

SEE YOU SOON!

Delta Classics Team

ENJOY FREE GAMES

NOW ON

↓

BESTACTIVITYBOOKS.COM/FREEGAMES

www.ingramcontent.com/pod-product-compliance
Lightning Source LLC
Chambersburg PA
CBHW082107120626
46553CB00011B/3577